Plaidoyer pour le chien

Séverine Lesourd

Plaidoyer pour le chien

Ou comment bien commencer sa vie avec un chien

Edition : BoD - Books on Demand
12/14 rond-point des Champs Elysées
75008 Paris
Imprimé par BoD – Books on Demand, Norderstedt
*ISBN : 978-2-**3220-80724***
*Dépôt légal : **07/2017***

À mon ami et mon mari avec qui j'aurai aimé continuer à partager notre vie terrestre, découvrir toutes ces nouvelles choses, écrire ce livre… mais qui sait, peut être un jour… on est loin de tout savoir.

Avant propos

Ce livre s'adresse au novice, à l'amateur possesseur de chien ou au professionnel du chien dans tous ses domaines; il apporte à un point donné:

- des faits de société, étayés par des exemples recueillis sur mon expérience certaine à l'occasion de mon parcours de vie en relation avec les chiens et leurs maîtres
- des connaissances cynophiles pour apprendre à communiquer avec son chien et pour apprendre au chien à comprendre son maître
- des solutions pour éviter le problème des chiens abandonnés entre autres

la tâche est laborieuse car il y a tellement à dire et il n'est pas facile de commencer ce sujet en commençant par un bout sans aborder d'autres explications, c'est pour cela que le sujet sera traité de façon à être le plus clair possible au risque de faire référence à d'autres passages de cet ouvrage.

Ce manuel est à utiliser en appui avec la pratique de l'éducation canine faite par un professionnel cynophile sérieux ; les exercices de travail doivent être faits avec un encadrement, sinon ils peuvent être mal interprétés par une simple lecture, et donc mal utilisés sur le chien.

Apprendre à communiquer avec un chien n'est pas inné, cela s'apprend comme on apprend à monter à cheval en prenant des cours d'équitation, comme on apprend à gérer une équipe d'humain en prenant des cours de management...

L'apprentissage est important car une erreur d'éducation sur un chien peut au contraire lui enseigner des erreurs, lui insuffler de mauvais comportements et faire croire au maître que la méthode utilisée n'est pas la bonne.

Il y a malheureusement beaucoup d'idées reçues autour du chien et de mauvais à priori sur les méthodes et matériaux utilisés ; rien ne vaut de bonnes explications sur le terrain de vive voix, un bon encadrement et de bonnes démonstrations ; cela passe forcément par de la pratique ; en tout état de cause cela doit toujours se faire dans la bonne humeur ;

L'éducation canine doit être un plaisir avant tout pour tout le monde, l'éducateur canin, le maître et le chien.

Quand on connait les bases de l'éducation canine et comment fonctionnent les chiens, tout devient tellement facile,   vous verrez qu'après vous pourrez faire tout ce que vous voulez avec votre chien !

Le but n'étant pas de brimer ou de faire souffrir les chiens mais de rentrer en interaction avec eux, d'aller les chercher dans leur monde et de les ramener avec nous, de leur apprendre comment communiquer avec nous, d'établir des connexions : ainsi ils seront beaucoup plus à l'aise dans leur vie avec les humains et dans certain cas pour éviter d'être abandonnés ou d'être piqués...

L'intérêt de ces théories est de travailler tous dans le même sens pour leur éviter toutes ces fins atroces et cela passe par la **sensibilisation, la connaissance et la maîtrise**.

Pour les personnes qui ont des objections ou commentaires à faire je ne suis pas contre le partage, bien au contraire : c'est avec le partage que nous pouvons avancer, je n'ai pas la science infuse et tout seul nous ne pouvons pas faire grand-chose.

Mais pour que des théories avancées ou que des objections soient valables   et sérieuses sur les sujets en général, il convient en premier lieu de se présenter et de présenter quelle est son expérience ? Et de présenter quel est son résultat?

On ne peut pas être éducateur canin avec des livres ou n'ayant eu que quelques chiens à soi. Il faut beaucoup de pratique, du recul et un bon encadrement.

En effet comme dans toute discipline ou activité, on ne peut prétendre à savoir si on n'est pas passé par **une certaine expérience** qui passe surtout par des heures de pratique et être confronté à une multitude de cas. J'attire votre attention sur ce point qui est très important : il faut à un moment, pour que ça marche, **faire confiance**, que ce soit dans n'importe quel domaine, au vrai professionnel, celui qui donne **des explications logiques** sur son travail et dont **les démonstrations confirment les théories**.

J'ai moi-même pu confirmer toutes mes théories en les mettant en application avec tous mes chiens ou avec les maîtres et leur chien qui viennent me voir.

Bien sûr les théories exposées ici sont des généralités, et comme tous les êtres vivants et les situations sont différents, il y a toujours des exceptions. Chaque cas doit être traité séparément.

Je souhaite de tout cœur **qu'il n'y ait plus aucune souffrance inutile dans ce monde**, que

tous les êtres vivants dans ce monde vivent en paix et que ce livre puisse y contribuer en apportant une meilleure compréhension de nos relations avec les chiens.

Chaque être vivant est sacré et la seule vraie valeur de la vie est d'**aimer librement et de laisser vivre libre, de connaître et de protéger**.

Il a fallu une **multitude de facteurs** pour que j'en arrive à cette analyse fine, cette technique à la pointe de notre temps quand à la connaissance autour du chien. Ce recueil ne se prétend pas achevé, il fait le point et le bilan au jour d'aujourd'hui du savoir que j'ai pu accumuler, il pose des théories établies au vu des observations multiples de 15 ans d'expérience riche et il y aura surement **de multiples révélations par la suite** : il y a encore tellement de choses qu'on ignore et tellement de choses à apprendre, ce recueil pose juste le début de notre folle mais superbe relation avec ce carnivore domestiqué, le chien, notre fidèle compagnon. Rien n'est arrêté, j'apprends encore tous les jours.

Mon but ici est de partager ma connaissance et d'aider les maîtres et les professionnels du monde canin afin que les relations humaines et canines soient en osmose et mettre tout en œuvre pour qu'il n'y soit plus de chiens abandonnés voués pour beaucoup à l'horreur de l'euthanasie.

Ce manuel permet de compléter les cours en baignant le maître dans le monde canin où j'ai pu évoluer et ainsi l'imprégner de tout un ressenti qui l'aidera à mieux comprendre le chien.

Sur l'auteur

J'ai toujours été passionnée par les animaux et en particulier par les chiens. Depuis mon enfance j'ai toujours été fascinée par les chiens et sans en avoir eu petite, je me rêvais d'en posséder, d'abord par pure affection, puis avec mon premier chien par sentiment de sécurité (qui est venu s'ajouter au besoin d'affection qui lui n'a pas disparu)

Je connaissais toutes les races, les premières races préférées dont je me souviens étaient le dobermann, le danois arlequin, le chien à peau nu ; mes parents ayant cédé on eu le coup de coeur dans un magasin Parisien pour un petit chiot croisé fox/épagneul au nom de Bucky qui vécut 13 ans. Cependant, étant le chien de la famille, cela ne me combla pas il me fallut mon chien à moi.

A 19 ans je décidai de partir de la maison familiale pour avoir mon propre chien, je n'avais pas de race précise et je tombais amoureuse du berger allemand qui m'inspirait un sentiment de sécurité. Je pris donc Sorbonne dans une animalerie, étant ignorante de ce milieu à l'instar de la plupart des gens (heureusement notre relation fut une des meilleures que j'ai pu avoir)

Entre temps je me suis passionnée pour les chevaux et suis devenue cavalière, ce fut d'ailleurs mon premier emploi et je travaillai trois ans en centre équestre en tant que monitrice d'équitation.

D'un chien, je passais peu à peu à quatre, en studio puis en appartement et régissais ma vie selon leurs besoins, choisissant un travail qui me libérait du temps pour les balades d'une heure matin et soir et les week-ends pour partager des activités avec eux (balades, agility, éducation canine, mordant...)

J'ai travaillé quatre ans en animalerie et trois mois en fourrière animale avant de rencontrer mon mari avec qui nous partagions la passion des animaux et des chiens en particulier. Nous créâmes notre centre d'instruction et d'entraînement cynophile.

Mon époux avait grandi au milieu des animaux sauvages et des chiens - son grand-père et son père étant dresseur professionnel d'animaux sauvage pour le cinéma - il avait donc une certaine expérience que je ne possédais pas et m'a permis d'apprendre énormément à ses côtés et de ce fait d'aller beaucoup plus vite dans mes réflexions. Je l'ai observé pendant dix ans et ai donc été son élève pendant tout ce temps.

Éducateur canin, éleveur et pension, préparation de chien d'intervention pour les forces de l'ordre, j'ai pu manipuler une multitude de chiens, avec une capacité d'accueil de 25 chiens sur mon terrain dont une douzaine de chiens m'appartenant en permanence (eh oui je me suis laissée un peu déborder par ma passion et suis arrivée peu à peu à posséder un grand nombre de chiens) j'ai donc acquis une énorme expérience en observant et en prenant du recul sur ce que je pouvais constater avec des chiens de toutes races: l'éducation du chien avec son maître, la manipulation des chiens sans leur maître, le recueil de chiens et leurs placements, le comportement des mamans chiens avec leurs bébés, celui des bébés avec d'autres jeunes chiens et adultes, celui des chiens vivant en meute...

Cela à été enrichi par ma grande curiosité en général qui me pousse à m'intéresser à d'autres secteurs comme les nombreux reportages sur les animaux sauvages ainsi que la psychologie et la communication humaine. Il faut avoir un esprit ouvert pour avoir assez de recul sur les observations.

Si on veut comprendre comment fonctionne le chien on ne peut s'arrêter qu'à sa seule analyse, il faut élargir sa vision des choses et y englober tous ces autres éléments. Nous avons en effet beaucoup de similitude de comportement **de base** en communs (attention de ne pas tomber dans le fait de croire qu'un chien réagit comme un humain et faire de l'anthropomorphisme).

Je sais qu'il nous reste encore beaucoup de choses à découvrir et que nous ne connaissons pratiquement rien, étant une jeune civilisation.

1ère partie _L'Histoire des chiens dans nos maisons_

Chapitre 1 : Le choix de vivre avec un chien

1.1 Les besoins humains

Beaucoup d'humains prennent un chien parce qu'ils ont besoin de recevoir **de l'affection** et /ou de se sentir utile en en donnant (en maternant), beaucoup de personnes ont du mal à établir ce lien avec d'autres humains et se sentent plus à l'aise avec les animaux. Cependant il est à noter qu'en évoluant ils sont et seront capable de se tourner vers les humains (notre envie d'aider les animaux se développe alors et devient une envie d'aide humanitaire) Chaque relation est unique et aucune ne peut être remplacée, elles se complètent.

Plus jeune je m'étais réfugiée dans le monde des animaux et en particulier des chiens pour arriver à en posséder jusque 12 mais je ne me sentais malgré tout pas très heureuse. En fait je me coupais du monde humain et me rendis compte que le contact humain m'amenait à un partage autre que les chiens ne pouvaient me procurer, bien qu'ils m'apportaient énormément sur le plan émotionnel.

Il me manquait quelque chose: **le partage avec ma propre espèce**, ce que l'on retrouve inversement pour les chiens. En effet les chiens sont fait pour évoluer avec d'autres chiens et malheureusement la plupart du temps ils sont coupés du contact avec leurs semblables, c'est pourquoi je préconise un peu plus loin de préférer prendre deux chiens à la maison plutôt qu'un.

Si on vous plaçait sur une île déserte avec tout ce que vous voulez, mais sans autre aucun humain, vous vous sentiriez vite bien seul...

Nous avons énormément d'affection pour le chien et il est plus facile d'établir une relation affective avec un chien (ou un enfant) qu'avec un humain. En effet, d'une part le chien nous accepte comme on est – ou nous supporte comme on est ! - et si on l'a bien en main, n'est pas trop contrariant! D'autre part il vit sur ses émotions et est très démonstratif, sans retenue : il nous donne donc beaucoup d'affection, ce que nous recherchons avant tout.

Les humains ont besoin d'un retour à la nature ; ils ont aussi leur besoin de nécessité et de sécurité à peu près comblé et peuvent donc se tourner vers de nouvelles activités.

Quand la population bénéficie d'un bon niveau de vie, elle est capable aussi d'entretenir d'autres êtres vivants.

Posséder un chien permet de s'ouvrir au monde, il nous oblige à sortir à l'extérieur, à faire de la marche, et facilite les rencontres avec les autres propriétaires de chien.

1.2 Le chien pour sa propre sécurité

Le chien assure aussi **une certaine sécurité**, il prévient, il dissuade et il peut défendre.

Défendre son maître n'est pas inné, ce n'est vraiment qu'en situation que l'on peut savoir si notre chien va nous défendre ou non ! Plus il a de tempérament, plus on a de chance qu'il nous défende: mais en contrepartie, il est beaucoup plus délicat à gérer – délicat ne veut pas dire impossible, mais demande plus d'investissement et de connaissance dans la relation avec le chien.

Pour être sûr qu'il nous défende ou qu'il défende la maison, le mieux est de lui apprendre, de le mettre aux aguets, de le féliciter lorsqu'il prévient de la présence d'un passant – d'où la problématique de trop brimer un chien qui aboie car après il risque de ne plus prévenir d'une possible présence.

Éventuellement on peut pratiquer **l'activité du mordant pour lui apprendre** à défendre son maître, tout comme nous pouvons nous même être amenés pour apprendre à nous défendre à suivre des cours de self-défense. Si le chien n'a pas appris à défendre son maître, il peut ne pas savoir quoi faire face à un individu menaçant.

Mais l'activité du mordant (approfondie en partie 3 chp 3) est **réservée** à un **public investi** qui souhaite consacrer du temps au dressage de son chien car ce travail est une activité qui va s'étendre sur une période d'au moins un ou deux ans minimum si l'on veut bien en comprendre les mécanismes, et plus si l'on veut qu'il soit toujours performant ; il faudra l'entretenir toute la vie du chien, *tout comme un sportif s'entraîne régulièrement pour avoir des bons résultats tout le temps qu'il est en compétition.*

Tout le monde souhaite un chien sociable qui défende très bien son maître mais en réalité...c'est plus compliqué que ça, le chien **n'ayant pas la conscience de tout ce qui se passe autour de lui**, il ne fait pas forcément la différence entre les entraînements et la vie extérieure.

Lorsque les humains pratiquent des sports de combat, ils font la différence entre la salle d'entraînement et leur vie de tout les jours, *enfin normalement car il y a des humains à qui cela donne un excès de confiance et qui vont prendre l'extérieur pour des terrains d'entraînement et ne vont pas hésiter à se battre avec le premier venu à la moindre occasion.* Cela doit aussi éveiller en eux des instincts de survie et de défense pour que ce soit aussi incontrôlable et irraisonné.

Pour les chiens c'est pareil, il y a des sujets qui vont rester posés, stables dans la vie de tous les jours et d'autres, d'autant plus si ils ont un fort tempérament, vont vouloir s'imposer et s'en prendre à tout le monde.

Pour le chien il y a de même un autre facteur qui entre en jeu. Cette pratique du mordant fait appel à un autre instinct qui est en eux : c'est **l'instinct primaire de nourriture**. En effet, ils vont pouvoir ainsi se servir de leur gueule et de leur mâchoire, ce qui est très fort pour eux puisque étant des prédateurs, c'est ainsi qu'ils se nourrissent en coursant et en attrapant des proies avec leur gueule. L'activité de mordant réveille en eux des **instincts de survie.**

Ils y prennent ainsi beaucoup de plaisir et vont vouloir tout simplement se servir d'eux même ! c'est un jeux à forte récompense...

C'est pourquoi on ne peut pas pratiquer l'activité de mordant sans être une personne avertie et sérieusement encadrée.

Un bon chien de garde est un chien qui a été socialisé et cela dès son plus jeune âge. Beaucoup de personnes croient à tort, qu'il faut isoler un chien pour qu'il garde correctement. Le problème étant que s'il n'est pas habitué aux humains, il n'osera jamais aller au contact de l'homme. Il deviendra un chien peureux de l'humain et défendra par peur, ce sont « *les chiens qui viennent pincer les fesses par derrière*! »

Au contraire, un chien bien socialisé à l'homme n'hésitera pas à venir au contact, face à l'intrus, pour l'empêcher de nuire ou le faire reculer.

J'entends souvent dire « *mon chien est un super gardien; il laisse entrer les gens mais ne les laisse pas ressortir* ».

Désolée de vous décevoir, mais un bon gardien ne laisse entrer personne ; si il a une telle attitude, c'est qu'il n'a pas su quoi faire au moment de l'intrusion. Mais une fois que l'individu est passé chez le chien, celui-ci étant chez lui bien à l'aise vient en fait l'affronter, et ainsi l'intrus prend peur de ses grognements et n'ose plus bouger.

Le chien en réalité ne sait pas trop quoi faire dans cette situation et voyant un intrus sur son territoire il va   grogner après celui ci en attendant une réaction ; plus il a de tempérament, plus il y a de chance qu'il attaque.

L'idéal reste que le chien ne laisse en aucun cas entrer personne chez lui. Pour cela il faut le lui apprendre! Il ne peut pas deviner ce qu'on attend de lui sans qu'on lui ait au préalable expliqué! Lui apprendre à déceler tout bruit suspect et s'opposer à la moindre tentative d'intrusion en faisant face directement.

Il a des avantages sur une arme de défense car un agresseur ne peut le retourner contre nous. Mais il est aussi plus difficile à gérer qu'une arme car il est vivant et possède sa volonté propre! Il peut protéger la maison, la voiture, nos déplacements, nos activités comme le footing ou la randonnée.

Je parle bien sûr ici d'un chien de garde, mais pas seulement, d'un être qui fait aussi intégralement parti de la famille, il n'est en aucun cas un outil. Et plus il sera intégré à la vie familiale, à la cohésion du groupe, plus il prendra son rôle à coeur.

Avec cinq ou six bergers chez moi je me sens bien en sécurité et je ne sors jamais seule sans un de mes bergers !

Avoir un chien de garde cela protège aussi du vol et du vol de chien si on a un plus petit chien.

« Ma cousine habite au rez-de-chaussée d'un grand immeuble où tous les autres habitants des appartements de même disposition ont été victimes de vols sauf elle, et elle est la seule a avoir un chien … un golden retriever ! En plus tout gentil! cela m'avait étonnée et j'avais fait la réflexion « si ils savaient! ». Mais en tout cas, il dissuade bien! »

Les voleurs cherchent souvent à s'introduire dans des lieux faciles d'accès sauf peut être dans des habitats ciblés où ils savent qu'ils vont trouver des objets de valeur.

1.3 Les problématiques

Mais il y à d'autre éléments qui viennent mette un bémol à cette nouvelle idylle : **plusieurs facteurs peuvent nuire** à cette relation, voir la faire devenir insupportable. Dans les cas extrêmes, l'envie peut venir au maître de faire l'impensable: abandonner son chien.

En premier lieu: **le manque de connaissance** du mode de fonctionnement du chien. Il en résulte une mauvaise communication : avoir un chien en maison est un fait de société nouveau apparu dans les années 80 et nous n'avons que très peu de recul par rapport à ça ; nous analysons les chiens en termes humains alors que ce n'est pas du tout approprié !

Aussi la société basée sur le mode de **la consommation nous trompe et nous pousse toujours à consommer plus et mal**. Les humains ne se rendent pas compte non plus de l'investissement de temps et d'argent passé à s'occuper d'un animal, être vivant, et malheureusement s'en lassent très vite ou sont dépassés par la demande d'investissement. Il faudrait peut être, avant de prendre la décision, aller tout simplement s'occuper de chiens abandonnés en refuge pour voir si l'on est capable de s'investir complètement dans ce genre de relation.

Lorsque les gens désirent avoir un chien je leur conseille toujours de ne pas croire qu'ils vont avoir un Rintintin comme dans la série qui montre un chien exemplaire qui comprend toujours tout au monde des humains, mais je leur dis plutôt de regarder « Beethoven », le gros saint Bernard qui dévaste la maison et qui mange énormément !

Car oui, vous pouvez tomber sur un chien super mignon comme sur un autre qui va vous détruire votre maison et se retourner contre vous !

D'autant plus qu'il aura peut être des **tares génétiques** …

Il est primordial de savoir que, bien encadré, tous les problèmes relationnels que rencontrent les maîtres et leurs chiens peuvent êtres résolus de façon satisfaisante dans la majorité des cas, sinon maîtrisés dans les autres. Dans 99% des situations les problèmes de cohabitations sont résolus. Et avant de s'engager il faut bien connaître les tenants et aboutissants.

Chapitre 2 : Du chien utile à l'homme au chien de compagnie

2.1 La génétique, les lignées

Les races d'aujourd'hui découlent de **la sélection génétique naturelle ou non** opérée depuis des milliers d'années ; en effet le premier des critères était que le chien n'attaque pas l'homme. Il se rapprochait des humains pour son propre intérêt, puis chacun y trouvait son compte (nourriture par les déchets, avertissement des dangers, et ensuite toutes les utilités connues comme la chasse, la défense, la recherche de nourriture (comme la truffe de nos jours) et aujourd'hui la recherche de matière illégale…)

Il a été sélectionné donc sur trois pôles:
- sa capacité à accomplir une tâche donnée d'où la multitude de races obtenues
- sa capacité d'écoute du maître
- éventuellement à nous attendrir (chiens de compagnie)

Certaines **races dites de compagnie** existent depuis fort longtemps: cavalier King Charles, pékinois, bichon … D'autres y ont été intégrées comme celle du caniche.

Mais aujourd'hui nous nous tournons vers toutes les autres races qui pour le moment sont issues de autres races issues de **lignées de travail pures** et nous sommes face au premier problème majeur : **le chien de compagnie des foyers d'aujourd'hui que nous recherchons est tout le contraire des races de lignées de travail dont il a été issu** : nous voulons un chien sociable avec les humains et les animaux, posé, obéissant et nous nous retrouvons avec des chiens qui ont trop d'énergie, trop de caractère et peu sociables avec les êtres vivants extérieurs.

En effet, un chien de travail a besoin d'énergie, de grande résistance, d'un fort tempérament pour affronter les animaux sauvages, les 20 ou 30 km de marche par jour pour suivre le troupeau... *Ainsi les sportifs de haut niveau ont un moral d'acier pour pouvoir atteindre de hauts niveaux de compétition qui leur demandent énormément d'efforts de concentration, privation, de temps d'entraînement et ce dans la durée.*

Les chiens de chasse, notamment les terriers sont des chiens qui doivent affronter d'autres animaux très forts aussi. Il leur faut donc un gros tempérament.

C'est le problème qui s'est rencontré avec le jack Russel terrier, qui pourtant si petit, a été victime de la mode. Les humains ne pensaient pas qu'il pouvait y avoir autant de caractère dans un si petit chien! Et ne sachant pas élever un chien, beaucoup se sont retrouvés débordés et beaucoup les ont abandonnés…

Le premier travail à faire appartient aux éleveurs. Ils doivent savoir si ils s'orientent sur un élevage de chiens destinés au travail ou à la compagnie et sélectionner en fonction leurs sujets et les futurs propriétaires ; ainsi, si ils se dirigent vers un élevage de chiens de compagnie, ce qui nous intéresse ici, ils choisiront exclusivement des sujets doux en caractère et sociables avec les êtres humains et les animaux (ce qui n'exclu pas qu'ils peuvent les faire travailler un minimum, raisonnablement dans leur domaine mais sans chercher l'excès).

Mais même pour des lignées de travail le choix doit se porter sur des sujets stables avec les autres animaux et les humains, cela ne retirera en rien leur qualité de travail.

Pour les chiens de défense cela ne sert à rien d'avoir un chien qui veut agresser tout le monde si personne ne peut le contrôler et cela est même dangereux pour son maître.

C'est aussi ce qui s'est passé avec d'autres animaux comme notamment les chevaux : mon amie Elodie D qui est gérante d'un grand centre équestre me disait qu'il en était de même avec les chevaux. Les éleveurs avaient voulu en sélectionner ayant beaucoup d'énergie et de caractère pour pouvoir supporter la pression des concours, mais du coup il n'y avait plus personne pour les monter car conduire un tel cheval (ou chien) demande beaucoup d'expérience que la plupart des amateurs n'ont pas !

2.2 Le chien être sociable

Le fait de posséder des chiens en maison en si grand nombre est un fait de société assez récent qui date des années 1980. On voit alors se multiplier depuis des animaleries, des éleveurs, des activités autour du chien. Nous avons donc peu de recul quand à la gestion d'une étroite relation avec le chien, d'une cohabitation entre deux espèces différentes finalement.

Nous sommes face à un manque de connaissance certains par rapport à cette cohabitation:

nous ne **savons pas comment gérer cette relation inter espèce**, relation qui ne se retrouve pas dans la nature où aucune espèce ne se mélange, c'est-à-dire ne vit en étroite corrélation.

Nous avons des points communs avec le chien, nous sommes des êtres vivants et en particuliers des mammifères comme eux. Nous vivons en groupe. Le chien est un **animal sociable qui est dépendant et qui a besoin de vivre avec d'autre sujets de son espèce pour pouvoir vivre, comme nous**, c'est pourquoi nous nous entendons si bien et qu'il fait partie aussi massivement de nos familles. Les chiens sont particulièrement adaptés à la vie des humains car ce sont comme nous des êtres qui vivent en groupe, ils ont besoin d'être avec leurs semblables pour pouvoir survivre, c'est pour ce point commun que nous nous adaptons très bien à eux et qu'ils s'adaptent très bien à nous.

Le chien, lui, vit sur ses émotions qui lui permettent de se maintenir dans un clan, dans un schéma d'être sociable. Il ne peut avoir de sentiments comme nous.

Par exemple, Il y a ce lien d'attachement si fort, qu'on a envie de traduire en terme humain par de l'amour. Ce n'est en réalité qu'une composante de sa condition de vie sine qua non, ce qui ne retire en rien la beauté de la chose.

Comme le poussin qui nait, qui suit et s'attache au premier être venu comme si c'était sa mère.

Il reste encore à analyser quelle est la frontière entre les émotions liées aux instincts, inscrites dans les gênes au service de l'évolution de l'espèce et celles liées au développement de la conscience qui deviennent alors des sentiments comme l'amour pour ses enfants par exemple ?

Et Il est a noté que certaines réactions de certains individus chien ou autres animaux nous laisse parfois perplexes. Certains chiens sont remarquablement bien plus évolués que d'autres sous certains critères.

Nous sommes, nous, à un niveau bien plus avancé qu'eux: **nous possédons une conscience et donc une maîtrise de l'environnement et de notre vie qu'eux n'ont pas**.

Cela implique que **nous sommes responsables** des êtres que nous décidons de prendre sous nos ailes, et ce jusqu'à leur belle mort. Nous devons réfléchir avant de nous engager, mais cela vaut pour n'importe quel être vivant sur terre. Si nous ressentons des sentiments aussi forts pour nos compagnons, et en particulier pour les enfants et les animaux, c'est qu'ils sont dépendants de nous et donc que nous sommes responsables d'eux.

Il faut réussir à replacer chaque être vivant dans son contexte et lui donner ce dont leur être physiologique et psychologique à réellement besoin.

2.3 Le contact des chiens entre eux

Les chiens sont des loups complètements dénaturés déjà par leur morphologie, mais aussi par leurs habitudes de vie. Évoluant avec les humains sans éducation adaptée et sans contacts avec leurs congénères ils deviennent vite les « chiens rois » et ne connaissent pas leurs limites. On ne peut donc que difficilement comparer le mode de vie des loups avec celui des chiens si ce n'est que leur moyen de communication.

Malgré tout, même avec une bonne éducation et une bonne maîtrise lorsque l'on possède beaucoup de chien qui se retrouvent, de ce fait, en meute, il est difficile d'obtenir une bonne harmonie.

En effet leur environnement étant lui aussi loin de celui qu'ils auraient dans la nature et n'ayant pour le coup, pas besoin de chasser pour se nourrir, se reproduire et se loger ils ont tout le temps pour s'occuper autrement et ils ont besoin de s'occuper.

Aussi ils développent des tics, des tocs, des mauvaises habitudes comme des bagarres ! On retrouve les même problèmes avec les chevaux qui passent leur temps au box ou ne disposent que d'un espace trop petit ainsi que pour tous les animaux qui se retrouvent dans ces conditions en captivité.

Dans la nature un sujet trop dur avec les autres n'existe pas. C'est contraire au bon fonctionnement du groupe, l'énergie est focalisée sur la recherche de nourriture, d'un abri, de défense de territoire et de reproduction.

Cela peut être comparable avec la première base des **besoins de sécurité avec la pyramide de Maslow** chez les humains.

Le chef de meute est un sujet avec un fort tempérament mais stable, et en aucun cas il n'agresse intempestivement les autres sujets. Il doit être juste pour être accepté et gagner la confiance du groupe.

Aussi l'être humain doit **rester juste** avec son chien. Ainsi il gagnera **la confiance du chien** pour que **l'harmonie** puisse opérer.

C'est pareil dans le rapport des humains entre eux – et pour tout contact avec n'importe quel être vivant d'ailleurs – pour que **toute relation existante soit stable et harmonieuse, cela passe d'abord par la mise en confiance.**

Gagner la confiance du chien c'est lui faire comprendre qu'on ne lui fera jamais de mal quoiqu'il arrive, qu'on ne le blessera jamais ni

physiquement ni moralement et qu'on respectera sa personnalité – et cela vaut aussi pour les humains !! **C'est le Respect de l'autre** dans tous les sens du terme.

Avec des chiens vivant en meute, les sujets qui sont acariâtres sont vite remis à leur place par les autres du groupe. Quand un chien agresse les autres à tout moment, ils se regroupent à plusieurs pour être plus fort contre lui et celui-ci n'essaie plus de les agresser par la suite.

« Ainsi lorsque le chef d'un état s'impose par la dictature il y a un fort risque pour que le peuple se soulève contre lui! »

Le vieux mâle trop âgé pour diriger la meute laissera naturellement sa place au jeune qui plusieurs fois lui aura montré sa force en s'opposant à lui (sous étroite surveillance du bon déroulement des choses!)

Les loups vivant en meute dans la nature vont rarement à l'affrontement, car cela les expose à des blessures qui peuvent leur être fatales. C'est donc trop dangereux comme pratique. Par contre ils vont essayer d'impressionner les autres, d'y aller au bluff pour s'imposer. Ainsi vont-ils avoir beaucoup d'attitudes et de mimiques pour impressionner les autres : montrer les crocs, se faire pus grand en dressant le fouet et les poils, faire du bruit, grogner, charger… heureusement la plupart du temps avec contrôle sans blesser l'autre.

Ce sont des attitudes qui nous impressionnent beaucoup d'ailleurs. En effet, comme nous n'avons pas l'habitude d'un tel langage avec des **grognements, voir des « fausses » attaques**, nous en prenons peur et n'osons malheureusement pas mettre nos chiens en contact. Alors qu'avec l'expérience et avant tout, en les connaissant bien, ce sont des attitudes qui s'estompent et qui se maîtrisent.

Surtout que la plupart du temps les chiens agissent ainsi aussi parce qu'ils ne savent pas comment communiquer avec les autres chiens car ils sont coupés du monde de leur semblable et ils n'ont pas pus recevoir les codes canins.

Ils peuvent réagir aussi ainsi par **manque d'habitude** de **rencontrer d'autres chiens** et par le manque d'**encadrement des maîtres** lors des rencontres avec leurs congénères.

La cohabitation et l'habitude entre plusieurs chiens peut prendre du temps, parfois une ou deux années. Elle doit toujours se faire sous surveillance tant que l'on n'est pas sûr qu'il n'y a aucun risque.

Les comportements des chiens entre eux peuvent changer selon que le maître soit présent ou non. Le maître peut, s'il s'impose suffisamment, éviter les bagarres lorsqu'il est présent mais elles peuvent se déclencher dès qu'il s'absente. Et inversement, Il peut aussi les déclencher s'il ne s'impose pas assez et s'il manque de connaissance. Par ses attitudes, un chien peut se sentir plus fort et en agresser un autre par défense. Il faut éviter les situations d'excitations si on ne maîtrise pas les chiens: la nourriture, les jouets et les femelles en chaleur...

Il faut toujours être patient pour mettre en place des choses, il faut du temps pour que les êtres vivants s'adaptent et nouent des liens avec les êtres qui les entourent (voir 2ème partie chapitre 3 familiarisation et socialisation)

3.1   Les chiens victimes de la société de consommation : ce qu'on ne vous dit pas

Nous sommes victimes en général de la société de consommation et les chiens n'échappent pas à la règle; il y a à la base trop de naissances par rapport aux demandes. La preuve en est que les refuges sont pleins à craquer de ces chiens qui ont été acquis sans réflexion sur la suite des choses, soit parce qu'ils étaient à la mode, soit pour faire plaisir aux enfants, soit par simple caprice (l'aimer pour soi et non pour lui), soit par manque d'encadrement sur l'orientation du choix de l'espèce et de son éducation…

L'achat doit se faire avant tout auprès **d'un éleveur familial** sérieux et responsable où les chiens sont élevés au proche contact de l'homme ; il élève deux ou trois races maximum avec deux ou trois portées par an, son cheptel reproducteur n'excède pas neuf chiens, cela lui permet de faire un suivi sérieux de ses propres chiens et de ceux partis vivre chez leurs nouveaux maîtres . Ainsi il peut garder ses vieux reproducteurs (c'est normal, ils ont travaillé pour lui et ils font partie de sa famille) et assure l'accompagnement des nouveaux maîtres tout au long de la vie du chien. Il est présent pour l'accueillir pour un éventuel replacement si besoin est ; il est à l'écoute et prend le temps de répondre aux maîtres et futurs maîtres.

Il serait souhaitable que les gros élevages ou les conditions de détentions et de vie ne sont pas adaptées au bon développement des animaux, se sectorisent.

Quant aux zones commerciales, Il serait souhaitable que ce soient les éleveurs qui présentent eux même leurs chiens et leurs chiots, le temps d'un week end par exemple. Il y aura ainsi le choix dans les portées et ils connaissent parfaitement leurs chiens et leur lignée pour orienter le futur maître. Ainsi les chiots invendus repartent faire leur vie élevés au grand air.

Acheter des animaux élevés dans de mauvaises conditions, même si ils vous font pitié ne fait que nourrir ce système ; si les vendeurs, qui ne proposent pas de bonnes condition de vie aux chiens et aux chiots, ne vendent pas, ils ne pourront pas en vivre et ils devront finir par arrêter ce commerce qui n'est pas du tout adapté à leur besoin.

Les chiots que j'ai fait naître étaient élevés en liberté; ils pouvaient courir et se développer harmonieusement même si ils n'étaient pas partis à deux mois. J'ai toujours gardé mes vieux chiens avec moi dans leur maison et récupéré les chiens que les gens ne gardaient pas pour les replacer, ceci grâce au fait que j'avais un petit cheptel et donc la possibilité d'assurer un suivi sérieux autour de cet élevage.

On est responsable des animaux que l'on fait naître et on doit en assumer les conséquences même si l'acheteur est aussi responsable.

Bien que tout chien soit très mignon et peut être un merveilleux compagnon il est utile d'être averti de ce qui va suivre pour agir en connaissance de cause.

Les races à la mode créent des situations compliquées, les sujets sont reproduits en masse, les critères sont rabaissés puisque la demande est plus conséquente - des tares sur la race apparaissent donc au niveau du caractère et du physique – et les naissances non contrôlées chez les propriétaires novices sont donc plus nombreuses

Beaucoup de races sont sujettes aussi à des **complications physiques** puisqu'elles ne sont pas naturelles ; bien qu'ils soient tous mignons et craquants, tous les chiens qui vont s'éloigner du type du morphisme du lupoïde (oreille droite, nez long, queue longue, poil fourni) auront des risques de rencontrer des problèmes physiques auxquels il faudra apporter des soins, qui peuvent être contraignants, coûteux et attristants.

Par exemple:

Il n'existe pas d'oreilles retombantes chez les animaux car dans la nature, une oreille qui retombe y favorise l'humidité. Or le conduit qui est en forme d'un L possède un coude qui risque de se boucher surtout s'il est mal aéré. La conséquence en est une prédisposition aux otites.

Un long nez permet une respiration harmonieuse et un meilleur refroidissement du corps surtout en période de forte chaleur. Les nez courts du type bulldog favorisent les problèmes de respiration surtout en cas de fortes chaleur.

Le chien ne sue pas comme l'humain ou le cheval, son seul moyen pour refroidir son corps est de haleter : c'est-à-dire que, la gueule ouverte et la langue pendante, il va respirer fort pour assurer son refroidissement, ce qui n'est pas extrêmement efficace. C'est pourquoi il est sensible et sujet au coup de chaleur et qu'il y a danger à le laisser en voiture lorsqu'il fait chaud.

Les plis de peau obtenus chez certaines races demandent un entretien régulier au risque de s'infecter.

Les chiens à grosses têtes types bouledogues naissent souvent par césarienne ce qui représente des naissances bien compliquées et risquées.

Les chiens de plus de 40kg ont une longévité écourtée et vieillissent moins bien (les molosses ont une petite espérance de vie de 10 ans... contre 14 pour un chien moyen 20 à 40 kg et 16 pour un petit chien jusque 20 kg ! De plus ils coûtent plus cher à nourrir et sont moins facile à transporter partout avec soi.

Que de souffrances nous faisons subir à ces pauvres chiens et quand il n'y a plus de solution et que leur état empire, voir qu'ils en meurent (crise cardiaque)... Sans parler des frais dont on pourrait se passer...

La seule évolution qui est profitable sur le type lupoïde et qui est dans l'intérêt de l'animal est de racourcir la longueur du corps qui est un peu longue. Elle présente un centre de gravité moins bien équilibré qui fatigue plus les articulations en vieillissant.

Par exemple le corps du berger Allemand est beaucoup plus long que celui du berger belge malinois.

J'entends souvent dire « Il ne leur manque que la parole » mais nous serions bien embêtés s'ils l'avaient et si ils devenaient très intelligents (intelligents dans le sens de comprendre et avoir conscience de soi et du monde qui les entoure) car rappelons le, ils sont bien plus forts que nous, la cohabitation est déjà bien difficile entre humains de diverses origines, alors que dire entre les chiens et nous ! Et probablement qu'ils ne voudraient plus d'une vie captive de toute façon. Ils se révolteraient et prendraient sûrement le dessus!

3.2 Qui choisir ?

Mâle ou femelle est sans importance, nous pouvons avoir des affinités avec l'un ou l'autre ; la femelle est en général plus douce et plus à l'écoute, elle est d'un plus petit gabarit et ne lève pas la patte partout pour faire pipi.

Le mâle a un caractère un peu plus trempé et en est du coup très attachant, avoir les deux c'est bien et équilibré.

Que ce soit avec un homme ou une femme cela n'a pas d'importance, chaque individu est unique et les affinités peuvent exister avec des mâles ou des femelles.

Parmi tous mes chiens, j'ai des affinités aussi bien pour certaines femelles que pour certains mâles.

La stérilisation peut jouer sur le caractère, surtout en période des chaleurs aussi bien sur le mâle que sur la femelle.

Elle peut calmer l'excitation générale à la rencontre d'autres chiens. En tout cas, je conseille vivement de les faire stériliser pour leur assurer une meilleur santé et en particulier les femelles pour ne pas avoir de naissances non voulues, pour ne pas être gêné par les pertes sanguines et éviter l'excitation des mâles surtout quand on possède un mâle et une femelle– les mâles détruisent tout pour rejoindre la femelle, et hurlent à la mort toute la nuit, ils peuvent se montrer agressifs envers leur maître ...

La femelle n'a pas besoin d'avoir des chiots pour être bien dans sa tête, c'est là encore une idée humaine! D'ailleurs dans une meute de loup, tous ne se reproduisent pas!

Poils longs, poils courts ou poils ras ?

Les poils longs sont très jolis mais il faut penser à l'entretien que cela engendre ; cela demande beaucoup plus de temps ; il faut les brosser régulièrement deux à trois fois par semaine si on ne veut pas que les poils s'emmêlent ou qu'ils fassent des bourres ; certaines races nécessitent un toilettage régulier fait par un professionnel ce qui engendre un supplément de coût. Ils mettent plus de temps à sécher et ramènent plus de poussière à la maison.

Les poils ras sèchent quant à eux très vite et sont peu salissants, par contre le chien présente moins de protection : au froid s'il doit séjourner en milieu extérieur par exemple, ou contre les éventuelles blessures telles les morsures de congénères, les ronces ... etc.

Un chiot s'habitue très rapidement mais ce n'est pas parce que l'on opte pour un jeune animal que cela se passera mieux, car sans connaissance en la matière, il prendra de mauvaises habitudes qui seront vite insupportables pour peu qu'il ait du tempérament ou de la force !

Un chien peu s'adapter à n'importe quel âge dans une nouvelle maison et on peut perfectionner son comportement. L'intérêt d'un chien un peu plus âgé sera que l'on connait son tempérament d'adulte, qu'il est censé avoir passé l'âge des mordillements, destructions et oublis de ses besoins à la maison !

Et pour l'instant il y a tous ces refuges à vider!

3.3 Adopter un chien...

...qui a vécu des choses négatives comme l'abandon ou la maltraitance n'en sera que plus affectueux, il ne faut pas confondre mauvaises expériences et mauvais comportements qui sont dus en fait à une communication inexistante ou détériorée avec ses précédents maîtres et c'est exactement là qu'apparaissent ces problèmes de comportement.

Les facteurs : genre de contact avec ses anciens maîtres, environnement extérieur et autres animaux, éducation canine, sensibilité, génétique.

Quand on adopte un chien il a déjà vécu une ou plusieurs expériences avec d'autres maîtres avant, cela veut dire qu'il a connu une façon de communication qui était plus ou moins bien adaptée.

Un chien qui a des mauvais comportements – il détruit, grogne, montre les dents, pince ou mord – est en général un chien qui montre des réactions de réponse à la façon dont on s'est occupé de lui, et comme la communication établie est mauvaise ou inexistante, c'est sa façon à lui de répondre ; ainsi il va de famille en famille qui n'ont pas les compétences nécessaires pour résoudre le problème et pire qui le confortent dans ses mauvais comportements.

Par exemple, un chien qui mord est en général un chien que l'on a poussé, pour les raisons évoquées ci-dessus, dans ses retranchements.

Un humain qui crie après son chien ou le tape alors que celui ci n'a pas compris pourquoi – si la punition tombe après que l'erreur ait été commise, si c'est intempestif ou excessif – installera **une source d'instabilité permanente**, le chien ne se sentant pas en sécurité puisqu'il ne comprend se mettra **en auto défense** pas pourquoi on le malmène. Il ne sera pas très épanoui dans ce contexte, et même, si il a du tempérament ou par peur, en utilisant ses seuls moyens d'expression, le grognement et le cas échéant la morsure plus ou moins contrôlée suivant la situation.

Plus le maître sera dur avec son chien plus la morsure de celui ci, s'il y a morsure, risque d'être sévère.

Le chien reproduit le contact qu'on lui a appris, qu'il soit bon ou mauvais. Il n'a pas la notion du bien ou du mal : aussi quand on le récupère, il faut lui faire comprendre qu'il existe une autre façon de communiquer qui est bien plus **agréable**.

Il faut savoir **qu'il n'existe pas de chien « agressif » sans raison**, il en existe avec un tempérament plus ou moins fort et qui font de lui un sujet plus délicat à gérer et qui demande une plus grande expérience. En effet nous n'avons pas le droit à l'erreur avec ce genre de chien.

Le chien est avant tout, rappelons le, un **carnivore prédateur**, beaucoup plus fort que l'homme, il a des crocs, des griffes, des poils pour protéger son corps, une meilleur stabilité due à son statut à quatre pattes, plus de force du fait de ne pas « avoir la conscience de ».

De plus, nous mettons quand même un prédateur dans notre maison, dans un autre contexte nous pourrions bien devenir ses proies !

Et aussi nous lui demandons trop de choses contre sa nature: vivre avec des chats, des oiseaux, des rongeurs et bien d'autres encore ! **On lui en demande beaucoup**!

Heureusement, le chien de compagnie est normalement sélectionné naturellement pour sa gentillesse et pour ne pas avoir envie de croquer son maître … mais les situations, les lignées mal sélectionnées et le manque d'encadrement le poussent parfois dans ses retranchements…

Ce n'est jamais la faute du chien s'il n'écoute pas et s'il ne se conduit pas comme on l'attend mais c'est toujours la faute du maître, c'est ce dernier qui a l'intelligence et qui doit donc mettre tout en œuvre pour que la relation se passe bien et assurer la protection à son protégé ; **le chien n'a pas demandé à être là**, c'est une volonté de l'humain de l'avoir à ses côtés.

Lorsque l'ordre est clair, qu'il n'y a pas de doute possible et que le maître est sûr de lui, le chien s'exécute toujours et ce dans n'importe quelle situation.

Lorsque vous allez choisir votre chien, j'entends souvent dire *« j'ai pris celui qui est venu vers moi » parce qu'il m'a choisi*, pourquoi pas! Mais cela signifie aussi en général simplement que c'est un chien sociable qui va facilement vers les gens. C'est le comportement que vous devriez retrouver chez vous avec les gens qui sont extérieurs à votre vie. Ce type de chien ira facilement voir les gens. En vérité, il faudrait aller plusieurs fois les chiots pour le vérifier!

Par contre il est dommage que les gens s'éloignent des chiens qui restent dans leur coin. Un chien est timide ou peureux pour plusieurs raison, il est peut être écrasé par sa fratrie, ses parents, pas assez sociabilisé par ses éleveurs, ou est particulièrement sensible. Arrivé seul en maison il y a beaucoup de chance pour qu'il puisse s'épanouir plus facilement avec l'attention avertie et exclusive de ses maîtres. De plus il est probable qu'il reproduira la même attitude qu'il a eue avec vous avec les personnes extérieures à votre foyer. Cette attitude a des avantages car c'est un chien qui se promènera facilement à vos pieds sans laisse et qui ne risquera pas d'aller « embêter » les personnes rencontrées ou les autres animaux.

De toute façon, avec un bon encadrement, tout chien est capable de tenir très bien son rôle de chien de compagnie et l'on peut rattraper les manques éventuels très facilement.

2ᵉᵐᵉ *partie Elever et vivre avec un ou des chiens à la maison*

Chapitre 1 : intégration d'un chien à la maison

1.1 La transition

En général, plus les transitions dans les changements sont douces et moins il y a de heurts.

L'idéal pour acquérir un chien est de faire une transition entre son ancien et son nouveau foyer.

Pour un chiot cela peut se faire dès sa naissance, le nouveau maître viendra voir les chiots jusqu'à ce qu'ils soient en âge de partir. Il pourra ainsi bien choisir son chiot en passant du temps avec eux, avec tous ou avec une partie s'il a choisi le sexe par exemple.

Cela permet en outre de bien sociabiliser tous les chiots car ils passent ainsi beaucoup de temps avec tous les futurs maîtres. Lorsque celui-ci s'est décidé, vers la 7ᵉᵐᵉ semaine, on privilégie le contact unique avec le chiot choisi en le laissant seul avec dans le jardin ou une pièce par exemple, puis dans sa voiture.

Ainsi à son départ le chiot ou le chien part avec une personne qu'il connait et n'en est pas perturbé.

Pour un novice mieux vaut commencer avec un seul chien et attendre une bonne année avant d'en prendre un deuxième pour bien installer la nouvelle vie avec lui, sans complication, et être sûr de ses choix.

Le chien peut marquer un attachement à la personne qui l'emmène dans son nouveau foyer.

Il faut bien six mois au moins pour que le chien soit bien adapté à son nouvel environnement, voir un ou deux ans dans certains cas plus complexes, notamment si il y a déjà plusieurs animaux ou si le chien montre des manques et/ou une certaine sensibilité et une certaine crainte.

Pour un jeune chien ou un chien adulte, cela peut se faire sur une quinzaine de jours, le nouveau propriétaire rendant visite régulièrement au chien, d'abord en compagnie de son ancien maître, puis seul avec le nouveau. Celui-ci pourra ainsi l'emmener en balade dans les environs, le prendre dans sa voiture pour lui faire des câlins. Le chien est prêt à partir quand il accueille chaleureusement son nouveau maître en lui faisant la fête et n'éprouve aucune résistance à aller se promener avec lui. L'ancien maître peut aussi rendre visite avec le chien au nouveau maître dans son futur foyer.

Le garder le plus souvent en laisse **forcera le contact**, permettra de le maîtriser plus facilement et lui donnera de bonnes habitudes. Surtout à l'extérieur il ne faut jamais lâcher un chien tant que l'on n'est pas sûr de ses réactions et qu'il connait bien le rappel au pied dans n'importe quelle circonstance (voir la familiarisation partie 3 chapitre 1) au risque de le voir s'enfuir.

Je ne pense pas que ce soit bien de faire dormir le chiot ou le chien seul dès son arrivée : comme je l'expliquais plus haut, c'est un animal sociable et c'est très dur pour lui d'être coupé du groupe, cela n'existe pas dans la nature. D'autant plus lorsqu'il vient de changer d'environnement et de maître, il a besoin d'être rassuré. Ca vaut pour un déménagement aussi.

Cela permet aussi d'être plus proche pour contrôler son apprentissage, pour faire ses besoins dehors par exemple. Ainsi on peut contrôler ses réveils et être prêt à le sortir tout de suite.

On a fait la même erreur pour les bébés humains où à l'arrivée à la maison après la maternité il était préconisé de les mettre directement seuls dans leur chambre. Aujourd'hui on préconise le contraire et de faire du « cocooning »avec le bébé. On le fait donc dormir dans la chambre de la mère pour que la transition soit plus douce.

Il sera toujours temps de lui changer sa place quand il sera prêt. En effet un chien s'habitue au mode de vie qu'on lui propose et/ou impose et avec la connaissance cela se fera sans problème.

1.2 Maison ou appartement

La vie en appartement n'est pas un problème pour un chien à condition de le sortir très souvent en balade. Il faut donc aimer marcher et sortir beaucoup. Idéalement au moins une heure matin et soir, huit heures d'intervalle au plus, en ayant deux chiens de préférence pour qu'ils se tiennent compagnie et faire un maximum de sortie les jours de repos.

J'étais en appartement une pièce avec mes deux premiers bergers allemands, un pinscher et une chienne terrier brésilien mais ma vie tournait autour d'eux. Je ne sortais que très peu le soir en semaine, je choisissais mes occupations professionnelles en fonction d'eux, si je pouvais les y emmener et si cela me laissait la possibilité de bien m'en occuper matin et soir, voir de rentrer le midi. Je passais mon week-end sur le terrain d'éducation canine ou en randonnée! Quand j'entends dire que les chiens sont malheureux en appartement, je dirais plutôt que ce sont les maîtres qui en sont malheureux!. Si on veut bien faire, et on est dans le devoir de bien faire, on en devient tributaire! Je ne sais pas si je renouvellerais l'expérience si je me retrouvais en appartement.

Je pense que je prendrais seulement deux chiens de moyennes taille au maximum vingt kilogrammes. Et j'essaierais d'être en rez-de-jardin, condition sine qua non pour de plus gros chiens.

Avec l'expérience le problème de prendre des chiens de taille supérieure est qu'ils vieillissent plus mal, qu'ils peuvent avoir des problèmes de train arrière et qu'il est compliqué par la suite de les aider à marcher surtout si on est en étage. On peut porter facilement un chien de moins de vingt kilogrammes pour le descendre mais au dessus cela devient difficile.

Plus ils sont lourds, moins on pourra les aider. Et c'est un cercle vicieux, moins ils bougent plus ils s'empâtent.

En appartement en étage cela devient vite ingérable.

Il faut que le chien soit installé en rez-de-chaussée pour avoir l'accès direct à l'extérieur, si possible avec un sol non glissant car sinon il aura du mal à marcher et il faut absolument qu'il continue d'entretenir ses muscles.

Je préconise un carrelage non lisse à la maison pour les possesseurs de chiens, type revêtement tommette ou terrasse extérieure. Le chien peut ainsi y évoluer sans glisser et continuer de maintenir sa musculature malgré son vieillissement.

Il est vrai qu'en jardin et surtout si il a beaucoup d'activités et d'autres compagnons, le chien se maintient en forme, se muscle et vieillit bien mieux.

Tous mes chiens sont en liberté dans mon jardin et sont tout en constante activité entre eux, avec le passage des animaux et des passants, les bruits de l'extérieur, la chasse des petits animaux tels les rongeurs… J'ai remarqué qu'ils vieillissaient particulièrement bien sans trop de problème de dysplasie (sauf si maladif).

Ainsi mes bergers atteignent facilement quatorze ans – Cheyenne berger de Beauce, Oslo berger Allemand retraité de police, Tess une de mes femelles berger Allemand qui a eu quatre portées…

Il faut y penser avant de choisir son chien.

Pour un chien qui ne peut plus se déplacer facilement ou qui est incontinent, je préconise une panière avec fond sans aération, avec du copeau et du foin. Ainsi il sera plus facile de nettoyer en changeant simplement la litière qui ne salira pas le sol et le chien restera propre.

Pour les déplacements **une caisse de transport** est très utile : le chien est en sécurité en cas de coup de frein, si il est sale il ne salit pas la voiture (s'il s'est baigné ou s'il pleut). La caisse de transport devient indispensable lorsqu' on possède plus de un chien, que l'on transporte des chiens qui ne s'entendent pas (avec des amis par exemple) ou dont on ne connaît pas les ententes

La caisse de transport peut aussi servir à la maison (ouverte en panière pour dormir, pour isoler un chien malade...)

1.3 Composition familiale

Un ou plusieurs maîtres? J'entends souvent dire « le chien n'a qu'un seul maître »: oui et non! Selon les chiens! Déjà, quoiqu'on fasse, le chien parfois a jeté son dévolu sur une personne de la famille, comme nous les humains nous avons nos affinités ! Ainsi les caractères et tempéraments de chacun s'accordent avec certains autres!

Cependant il est à noter que lorsqu'un maître installe la communication avec son chien et/ou partage des activités régulières avec lui, il est fort probable qu'il aura le monopole de son attention.

Le chien respectera beaucoup plus la voix du maitre qui s'impose davantage, étant grave et forte ; mais il sera beaucoup plus proche de la maîtresse qui est souvent plus douce et plus maternelle. Ceci dit, avec des connaissances suffisantes, il ne devrait pas y avoir de différences entre les deux, les deux maîtres devant s'adapter au chien qu'ils ont entre les mains. C'est ça un vrai **cynophile**.

J'ai déjà entendu dire d'un chien que « c'était un chien à femme » , en vérité il est fort probable que le chien ait était élevé par une femme et donc a, de surcroît avec ce qui a été dit plus haut, plus de facilité a en accepter une. Mais un vrai homme cynophile saura très bien se faire écouter.

Beaucoup de maîtres qui sont venus en cours chez moi me font remarquer que maintenant le chien les écoute bien mieux que le reste de la famille.

Les personnes s'inquiètent parfois de ce que les autres membres de la famille n'ont pas la même attitude avec le chien et qu'il risque d'en être perturbé ou de désapprendre. Ne vous inquiétez pas et ne vous disputez pas avec votre entourage pour ça, il saura très bien à qui il a à faire et il fera bien la différence entre chacun !

Ainsi un chien peut s'adapter au contexte familial : un être seul, homme ou femme, un couple, une famille avec enfants en bas âge ou plus ... il s'adaptera à l'évolution de la composition familiale naturellement s'il a bien été éduqué et sociabilisé.

Ce n'est pas parce qu'un **enfant est né** que le chien devient « jaloux » (terme humain) et dangereux tout d'un coup. En général, faute de connaissance, le problème était déjà existant auparavant. Souvent le chien n'a reçu aucune éducation adéquate et donc sans contrainte. S'il a un peu de caractère, il va s'affirmer dans un contexte un peu plus complexe et l'attente des maîtres n'étant plus la même, il va vite devenir gênant si les maîtres n'apprennent pas à l'encadrer.

La jalousie n'existe pas chez le chien, c'est un terme pour les humains. En revanche, il va défendre sa place auprès de son maître ; cette place privilégiée qui lui assure la sécurité, la nourriture et le confort.

Chapitre : 2 Les besoins canins

2.1 Le chien à la maison

Le chien peut rester seul à la maison, mais il est de toute façon conseillé de le faire vivre avec un congénère, surtout si il doit rester seul à la maison plus de six heures par jour lorsque les maîtres travaillent.

Au-delà de huit heures, surtout si le maître ne souhaite pas en posséder deux, il vaut mieux en effet ne pas prendre de chien ! Cependant, si vous en avez déjà un chez vous et que vous vous apercevez que vos périodes d'absence sont un peu longues, il faut relativiser et se dire qu'il y a pire : certains chiens sont en box en refuge et n'ont personne pour s'occuper d'eux réellement et ils risquent de finir leur vie seuls dans un box ; au moins le votre à un maître qui revient tous les soirs et les jours de repos et qui s'occupe de lui ; maintenant il ne faudra pas renouveler cette situation par la suite lorsque le chien partira de sa belle mort : sauf si l'on accueille des chiens abandonnés, lesquels seront de toute façon mieux avec un maître que dans leur box…

Le chien est bien mieux **en jardin** que dans la maison, en effet il y a beaucoup plus de divertissement à l'extérieur. Cela peut poser des problèmes de voisinage s'il aboie: on peut toutefois avoir de bons résultats après l'avoir éduqué.

Ainsi il sera plus posé et connaîtra les règles de la maison.

Il vaut mieux le laisser **en chenil** (six à huit mètres carrés au minimum, avec une partie complètement fermée accessible par une trappe) si le problème d'aboiement n'est pas résolu ou s'il fait des dégâts. L'attache est déconseillée et dangereuse (risque d'étranglement). Souvent le chien est plus calme dans son chenil, il ne risque pas de faire des dégâts et de se mettre par là même en danger (risque d'occlusion s'il ingère des matériaux). C'est un peu comme sa petite maison, les humains vivent bien dans des studios!

Mes chiens, bien qu'ils soient en liberté dans le jardin vont de leur plein gré dans leur chenil ou leur caisse de transport qui restent ouverts.

Même si on ne conçoit pas un chien enfermé dans une caisse ou un chenil il est bien de l'habituer un peu au cas ou on s'y verrait contraint (s'il doit rester chez le vétérinaire pour des soins, si le maître est hospitalisé et que personne ne peut garder son chien il devra alors séjourné dans une pension canine...).

Il faut vérifier qu'il n'y a aucun moyen de fuite dans les clôtures. Il faut aussi se méfier des vols de chiens surtout sur les petites races, les chiots ou les races convoitées.

Personnellement, j'aurai toujours au moins un chien de défense plutôt peu engageant pour dissuader toute intrusion chez moi et ainsi protéger mes éventuels autres chiens moins gardiens.

Les chiens ont besoin **d'exercices quotidiens**, plus ils seront en plein air et mieux ils se porteront.

Pour une nourriture adaptée, je ne rentrerai pas dans le détail la marque « royal canin » y répondant avec perfection. C'est une croquette très riche et très complète. Une petite mise en avant de la croquette 4800 très efficace sur les chiens qui ont une maigreur due à la maladie, à la vieillesse, à la forte activité ou à la vie en extérieur.

Cependant rien ne vaut l'alimentation ménagère (la vraie viande, riz très cuit et haricot vert) si on a le temps (ne pas oublier d'y ajoutez des compléments alimentaires)

Le chien peut manger avant ou après le maître. En effet, on a pris pour image celle des loups alpha qui mangent avant les loups dominés. Ce n'est pas un acte qui fait la place de l'ordre hiérarchique mais un acte découlant de l'ordre hiérarchique : c'est parce qu'il est établi que certains loups sont alpha qu'ils vont manger avant les autres. Dans la nature cela signifir simplement qu'ils vont pouvoir bénéficier des meilleurs morceaux...là encore ce sont des codes propres aux loups car pour nous, humains il y a assez de nourriture pour tout le monde.

Il faut prévoir le **nettoyage des dents**, en donnant un os à mâcher toutes les semaines (brossage mécanique). Le chien se brosse les dents naturellement, il n'y aura pas de problème de tartre et donc pas besoin de l'emmener se faire détartrer chez un vétérinaire, et cela même sur les chiens âgés. On peut donner des vrais os de viande (certains os sont à éviter) mais en quantité adapté sinon cela rique de faire des occlusions intestinales.

Il faut lui donner de quoi **se distraire**: ce n'est pas facile, le chien n'a pas beaucoup d'occupations dans une maison. Nous nous avons la lecture, la télévision ... eux n'ont pas grand-chose. Leur besoin premier étant assouvi: la nourriture, le logis, etc... Il s'en suit qu'ils s'occupent en faisant ce que les humains appellent des « bêtises » ou en développant des tics et des tocs (ce que l'on retrouve chez les animaux en général enfermés dans des conditions restreintes de détention, il en va ainsi chez beaucoup de chevaux en box). La meilleure des distractions est un copain chien, de grandes balades, trouver sa nourriture cachée et ses jouets...

Il ont besoin d'un **contact** régulier avec d'autres chiens pour leur équilibre.

La place du chien dans la maison peut se faire n'importe où, le chien doit respecter son maître quelque soit l'endroit où il couche. Cela n'influe pas sur son tempérament qui est déjà fait. Si le chien montre des signes d'agressivité c'est que la communication est mal ou pas installée ou qu' il a un fort tempréramant naturellement. La question est : est ce que le maître peut le gérer ou vaut il mieux qu'il vive à l'écart ?

2.2 Le matériel d'éducation canine

Le matériel utilisé sera en adéquation avec le chien. Il sera facile à utiliser, léger, confortable. Il permettra la maîtrise du chien sans nuire à son bien être physique. Le matériel peut être appelé « **aides artificiels** » comme le nom que l'on donne à celui utilisé pour les chevaux. **Ce ne sont pas des moyens pour punir, mais des aides pour donner des indications précises au chien.** Ils vont agir et désigner exactement sur la partie où l'on veut agir sur le chien.

Ils fournissent aussi des indications claires qui permettent de rassurer le chien dans la compréhension de notre demande et ainsi de les calmer et de les poser dans leur attitude.

Il faut savoir bien les utiliser. **Je suis contre la vente du matériel d'éducation canine en vente libre**, là où le maître n'aura aucun encadrement sur son utilisation.

On n'utilise pas systématiquement des aides artificielles sur les chiens. Ils servent sur les chiens faciles pour avoir plus de précision sur ses réponses données et sur les chiens délicats (peureux et/ou avec du tempérament) pour mieux les encadrer.

On doit laisser au chien et au maître le temps de s'adapter au nouveau matériel ; le chien au début peut se débattre lorsqu'on veut lui essayer un nouveau collier ou un harnais ; le maître doit apprendre à doser et le chien à en être en contact.

Ainsi si on met une selle sur un cheval qui n'a jamais été monté ou débourré, il va essayer de l'enlever avec fougue, puis le temps faisant et voyant que cela ne lui fait pas mal, il va se calmer et l'accepter.

Chaque chien est différent et il faut trouver le matériel qui fonctionnera bien sur lui. Ainsi on aura un chien à l'écoute dans n'importe quelle circonstance, posé et qui sera joyeux dans son expression. Il sert aussi à la mise en place de l'auto contrôle du chien.

Le matériel utilisé servira aussi de **mise en sécurité**.

Ainsi comme on ne sait jamais quelles vont êtres les réactions des chiens avec le monde environnant, la seule façon de **prévenir des morsures ou des pincements** est de leur mettre une muselière le temps des exercices (avec une muselière grillagée plastique qui est beaucoup plus aérée et légère que les autres).

Mettre une muselière permet de les manipuler en toute sécurité (ce qui rassure aussi le maître)et de leur faire exécuter et s'habituer aux exercices demandés. Ainsi ils vont voir que le travail demandé ne fait pas mal, ils vont prendre confiance en leur maître et vont s'y habituer ; ainsi on aura **travaillé en toute sérénité** et on pourra renouveler l'exercice sans la muselière dès que le chien ne montrera plus aucun signe d'agitation.

Les maîtres qui n'ont pas vécu le pincement ou la morsure ne se rendent pas compte que cela peut arriver et malheureusement **il faut tou-**

jours qu'il y ait un accident pour qu'ils en prennent conscience. Après est trop tard : les maîtres ont pris peur et ils ne veulent plus du chien. C'est beaucoup pus difficile de récupérer la situation quand le maître a pris peur de son chien.

Pour travailler en semi liberté : on se sert d'une longe de rappel de 5 m ; ainsi on peut contrôler son chien à distance et lui apprendre à revenir au pied même quand il est loin. On lui fait comprendre que même à distance il doit écouter.

La plupart des chiens répondent bien aux aides artificielles et ainsi l'automatisme est créé, il devrait comprendre la demande à la voix sans en avoir besoin par la suite. Mais certains ont bien compris qu'ils n'ont plus cette aide artificielle et reprennent leur vieille mauvaise habitude, il faut alors passer à d'autres méthodes jusqu'à trouver celle ou il va comprendre.

Le but étant d'effacer les aides artificielles et de ne faire toutes les demandes qu'à la voix (**transfert**), parce que celles-ci étant là normalement juste pour donner des indications supplémentaires, et qu'on ne les a pas toujours sous la main !

L'éducateur canin est là pour tester les matériaux qui fonctionneront bien pour éviter au maîtres des dépenses inutiles avec des matériaux qui ne fonctionneront pas ou dont le maître ne se servira pas s'ils sont trop compliqués à utiliser.

Il faut là encore faire **des transferts** de l'apprentissage de la gestuelle sur les matériaux utilisés, puis le transfert sur la voix.

Il y a des chiens avec lesquels, ayant trop de tempérament ou de force, on ne pourra pas se passer de ces aides artificielles sans risques.

Il est très dangereux de ne pas réussir à contrôler son chien : il peut nous faire mal, faire mal à autrui, créer un accident, se faire mal etc...

Il faut avoir rencontré ces problèmes pour comprendre qu'il faut mettre en place des moyens pour maîtriser son chien et cela ne vient pas forcément du manquement du maître : même avec toute trop la bonne volonté, un chien qui a trop de force ou de caractère est difficilement maîtrisable même avec un connaisseur musclé **! On maîtrise un chien lorsqu'on le contrôle dans n'importe quelle circonstance.**

Rappelez-vous que le seul moyen d'expression d'un chien pour se défendre s'il a peur et/ou s'il veut s'imposer c'est de mordre.

On ne peut pas connaître les réactions d'un chien si on ne l'a pas testé au moyen des exercices d'obéissance **et si on ne lui a pas appris à accepter toutes ces contraintes.**

Il faut toujours s'assurer que l'on teste le chien en sécurité:

- sur un terrain fermé, avec un encadrement prompt et à-propos et ensuite

- à l'extérieur avec des aides artificielles si il le faut pour garder une sécurité même à distance.

Je m'assure ainsi que j'ai toujours une emprise sur mon chien dans n'importe quelle situation pour lui apprendre à m'écouter, que ce soit à côté de moi ou à distance.

Chapitre 3 : familiarisation, manipulation, évaluation et socialisation

3.1 Familiarisation

Il faut de 1 semaine à 6 mois parfois jusque 2 ans pour avoir un chien parfaitement intégré au sein de sa nouvelle famille et environnement

Les facteurs: **sensibilité du chien, genre de contact avec les anciens maîtres, race type** (berger, compagnie, chasse, primitif, molos-soïdes, terrier)**complexité du nouvel environnement** (autres aniaux, famille nombreuse...).

Familiarisation au nouveau maître : **la mise en confiance** : le chien prend confiance en son ou ses maîtres ; plus il passera du temps et partagera des activités avec eux, plus la familiarisation ira vite.

Garder son chien le plus possible, en laisse à l'extérieur et à la maison surtout si il est craintif, même s'il doit vivre dans le jardin par la suite (favorise et **pousse au contact**, la laisse est le lien avec le maître, permet de maîtriser son chien).

Ne pas le lâcher en liberté à l'extérieur avant d'être sûr qu'il a établi le contact avec son maître (revient facilement et avec joie quand son maître l'appelle), qu'il n'a pas de crainte sur

l'environnement extérieur et même qu'il répon-
de parfaitement au rappel au pied.

Familiarisation à son environnement : une fois en
confiance avec son nouveau maître, le chien
peut plus facilement appréhender son nouvel
environnement.

3.2 Manipulation

Le maître doit être capable de manipuler toutes les parties du corps du chien avec acceptati-
on de celui-ci, il peut lui apporter les soins nécessaires réguliers à son entretien ou médicaux.

Vérifier qu'il accepte ou non les manipulations du maître, de la famille, des humains en dehors de la famille et mettre en place les disposi-
tions nécessaires à ses réactions.

En tout état de cause on manipulera un chien
en respectant toujours des règles de sécurité :
ainsi on peut museler le chien à l'aide d'une petite **muselière en grille plastique** ; en effet ce type
de muselière est très bien aérée permet au chien
de ventiler parfaitement bien puisqu'il peut ouvrir la gueule et boire avec. De plus c'est une matière très légère qui n'incommode pas le chien et
ne fait pas mal au maître lors de frottage ou
coup de tête !

Cela permet de vérifier que le chien va se laisser faire, éviter le pincement ou morsures si il se retourne contre son maître, d'autres humains ou animaux ; c'est le seul moyen pour éviter les accidents : on peut l'ôter seulement lorsqu'on est sur que le chien accepte la situation ou les éléments extérieurs qui lui sont présentés ; cela permet aussi de le pousser à la faute sans risque et de pouvoir agir au moment de la faute là exactement là où on le veut pour qu'il ne la refasse pas.

On a pu constater que les animaux qui ont reçu des soins étaient beaucoup plus sociables et proche de leur soigneur car on a forcé le contact et la manipulation.

L'obéissance :

L'apprentissage passe par des **contraintes** qui permettent de vérifier si le chien est malléable – s'il est bonne pâte - ou s'il est réfractaire à apprendre –peut être parce qu'il a du caractère

Tout travail commence en laisse et collier ; on apprend l'obéissance de base à un chien : assis, coucher, debout, l'immobilité, le rappel au pied, les positions à distance, le blocage avec position sur rappel au pied.

L'agility permet de continuer à faire de l'obéissance tout en s'amusant, vérifie la manipulation du chien dans n'importe quelle circonstance devant de nouvelles difficultés (obstacles en hauteur, tunnel sombre...), gros rappel et contrôle de la direction et de la vitesse, voir de l'excitation du chien (la plupart du temps, ils adorent l'agility comme nous humain nous aimons pratiquer un sport, cela leur permet d'éliminer leur trop plein d'énergie, d'être bien dans leur corps (musculation, appropriation, cardio, confiance en soi), renforce la complicité et conforte les rapports avec le maître ; ce partage d'activité est essentiel pour une parfaite communication et harmonie entre eux , *à l'instar de ce qui se passe lorsque nous partageons des activités extra professionnelles avec nos collègues* !

3.3 Les règles de sécurité avec un chien que l'on ne connait pas.

Il y a toujours un risque avec un chien qui ne possède pas la compréhension de notre monde et dispose de crocs tranchants comme des couteaux ; il faut toujours agir en prenant le moindre risque possible.

- on ne le manipule pas, on ne lui donne pas d'ordres
- on ne le fixe pas
- on laisse en hauteur ses mains et son visage (on ne se penche pas vers lui)

- on porte des vêtements couvrant tout le corps (pas de short ni tee-shirt)
- on le balade avec une laisse et un collier voir une muselière si on sait qu'il a déjà mordu ou voulu mordre
- on le balade avec un objet volumineux pour pouvoir le repousser (type arrosoir) s'il se montre virulent : ainsi on n'expose pas ses mains
- on n'intervient pas sur une bagarre de chien à mains nues

3.4 Sociabilité envers les humains et les autres animaux

Maîtrise et contrôle du chien dans n'importe quelle circonstance

Vérifier qu'il accepte la promiscuité avec d'autres humains adultes et enfants de différentes origines, handicapés, ainsi que divers animaux connus et inconnus.

Socialisation d'un chien avec un être humain: le museler, ne pas le fixer et l'ignorer. En effet, si on le fixe, il va se sentir visé et peut se mettre en attitude de défense et/ou de peur.

Tout comme nous si nous arrivons dans un lieu et que des personnes inconnues nous fixent, nous risquons d'être fort mal à l'aise, voir de réagir avec agressivité.

Il convient de le laisser venir au contact, et s'il ne parait pas agressif, de se mettre à sa hauteur en s'accroupissant - c'est se mettre à son niveau contrairement à notre posture initiale qui est la station verticale qui nous rend dominant et éventuellement menaçant ; *beaucoup d'animaux se couchent pour jouer avec des animaux plus petits qu'eux, ils se mettent à leur niveau*, la main viendra se présenter ouverte par-dessous sa tête et non par-dessus ce qui représente là encore un possible danger.

Le mieux est de partir en balade et de faire un passage de laisse avec la nouvelle personne ; La laisse assure un contact avec le possesseur, la plupart du temps le chien ainsi attaché le suit même si il ne le connaît pas car *le fait de suivre l'humain en laisse est un automatisme créé*.

Si la nouvelle personne est le futur maître, il faut le laisser dans un deuxième temps partir seul avec le chien en laisse pour qu'il établisse un lien privilégié avec lui et qu'il ne s'appuie l'ancien.

Socialisation d'un chien à un autre chien (valable pour les autres animaux):

Les tenir en laisse et les museler, les mettre dans une marche en avant : le mieux est de les emmener en balade, les laisser se renifler, les lâcher ensemble pour voir les réactions, intervenir si ils montrent des réactions négatives.

Il faut savoir bien lire un chien pour savoir quand intervenir, il y a des situations ou il faut les laisser se débrouiller seuls (quand certains chiens ont besoin d'être remis en place ou quand on sait que cela ne va pas aller loin) et des situations ou il ne faut pas les laisser se quereller (quand il y a un risque ou que cela dégénère)

Il y a des risques de morsures graves et mortelles lorsque les chiens se bagarrent, on ne peut pas les laisser faire comme j'ai pu parfois l'entendre en conseil puisque leurs attitudes sont complètements dénaturalisées.

3 rôles pour le maître: remplacer la mère du chien pour son auto contrôle ou l'apprentissage de la maîtrise du corps, apprendre les codes des humains et établir les règles du foyer.

Chapitre 1 : la communication

1.1 Les bases

En éducation canine il existe plusieurs méthodes et **la bonne est celle qui fonctionne tout de suite sinon c'est qu'elle ne convient pas** ; tous les chiens sont différents, donc il faut trouver celle adaptée à chaque chien ; parfois sur certaines manipulations avec certains chiens, ils ne semblent pas avoir compris sur le moment mais le restitueront parfaitement bien par la suite. Il faut parfois un petit temps de rangement dans le cerveau (comme les humains lors d'un bon sommeil?) ce n'est pas parce qu'ils ne montrent aucune réaction face à une demande donné qu'ils n'ont pas compris.

Aussi c'est un travail d'équipe entre le maître, l'éducateur canin et le chien ; il est important qu'il s'instaure un climat de confiance réciproque et cela passe par un contact physique et un peu de temps passé ensemble (je travaille

en général sur dix leçons) au fil duquel on apprend à se connaître, on fait évoluer le travail et
l'apprentissage du chien mais surtout du maître
car c'est à lui que j'apprends avant tout à communiquer avec son animal. C'est le maître qui va
vivre avec son chien et pas moi : moi je n'ai pas
de problème avec les chiens il est donc primordial que je m'assure que le maître ait bien compris
le fonctionnement de sa relation et que la communication soit bien établie entre eux.

En tout état de cause, quelles que soient les
méthodes utilisées, cela doit se faire toujours
dans une ambiance détendue, sans crier.

Le maître n'a pas besoin d'hausser le ton ou
de mal parler à son chien ; il s'exprimera toujours
d'une manière douce, lui expliquant chaque attente de sa part, lui donnera les ordres calme-
ment ; il sera toujours prévenant et avenant envers son chien, très démonstratif dans ses demandes vocales et gestuelles, maintenant toujours un fort contact physique avec lui notamm-
ment par les caresses, le félicitant beaucoup et
ainsi ne mettra aucun doute dans le lien établi
avec lui, avec des demandes et des attitudes bien
claires ; le maître dot être posé, calme, serein,
patient ; ainsi avec ce comportement, on posera
les bases du travail avec le chien et celui-ci pour-

ra alors se caler sur les repères stables que lui donne son maître .

Le maître n'a pas besoin de « faire le chien », de reproduire un comportement animal pour se faire comprendre. C'est une communication d'humain à chien que l'humain est parfaitement capable d'ajuster et non une communication d'humain simili chien !

On apprendra à « **lire son chien** » : les réponses données par son attitude nous donneront des indications sur la façon d'ajuster la nôtre ; on cherchera un chien allant, dynamique dans son attitude et ses réponses, qui est content d'exécuter ce qu'on lui a demandé (l'indication donnée par le fouet (la queue) est importante, elle doit remuer) ; il ne faut pas avoir un chien avec un fouet non remuant ou qui est entre les jambes ; nous n'auront que du mauvais travail avec un chien qui résiste ou qui traîne des pieds en s'exécutant (à prendre en compte aussi l'aptitude naturelle à avoir envie de travailler avec le maître. Il y a des chiens que l'obéissance n'intéresse pas du tout, il faut dans ce cas privilégier une activité qu'il apprécie et lui mettre des exercices adaptés) alors que nous aurons de très bons résultats avec un chien qui est content de s'exécuter et qui travaille en toute confiance avec son maître. C'est pourquoi il faut parler doucement à son chien comme on parlerait doucement à un humain qu'on forme et **privilégier l'apprentissage par des moyens pédagogiques et ludiques.**

On s'en est aperçu avec les enfants et cela a radicalement changé la façon en général de leur enseigner quoi que ce soit, aussi bien en matière scolaire qu'en activité extra scolaire. Les professionnels l'on comprit aussi pour l'enseignement et l'encadrement des adultes.

Lorsque le chiot quitte sa mère, ses nouveaux maîtres doivent prendre le relais de celle-ci. En effet, si tout enfant est élevé un certain temps avec ses parents ou le clan familial, c'est qu'il y a des raisons. Les parents ou adultes sont là pour encadrer le jeune, lui donner des repères, le guider et lui donner des codes.

Pour les chiens, ayant pu observer les chiots de quatorze portées, la mère n'est pas toujours tendre avec eux, elle les fait pleurer, les plaque au sol, les pince et ceux qu'elle malmène le plus sont en général les plus turbulents. Elle leur apprend en fait à s'autocontrôler sinon ils ne savent pas se contrôler : qui n'a pas été griffé ou mordillé par un chiot de façon intempestive ?

1.2 L'apprentissage des codes

Les chiens entre eux s'autocontrôlent comme dans toute relation animale et cela passe souvent par des rapports de respect et de force ; c'est-à-dire que le sujet **rencontre une résistance à son comportement et son action est limitée par l'opposition d'un autre sujet**.

Lorsque le maître prend un chiot, souvent il le coupe du monde des autres chiens dont il ne peut plus recevoir les codes et il ne sait pas comment les autres fonctionnent. C'est au maître que revient le rôle de l'apprentissage, il doit le remettre en contact régulièrement avec des chiens connus et équilibrés.

Il doit aussi lui apprendre les codes des humains qui ne sont pas les mêmes que ceux des chiens.

Le chien prend la place qu'on lui laisse, il va trouver et s'infiltrer dans toutes nos faiblesses.

Les bases et l'apprentissage passent par la contrainte. Le maître doit avoir la main mise sur son chien. Lorsque celui-ci n'est pas habitué à la contrainte il devient comme l'enfant roi « le chien roi ! »

Il faut qu'il soit habitué à toutes les manipulations et les situations possibles.

Il doit être adapté à la vie de son maître.

Il y a des passages obligatoires qui peuvent nous faire de la peine mais il faut apprendre au chien à grandir, à prendre de l'indépendance.

Ainsi on peut voir que le chat domestique, bien qu'adulte continue à jouer toute sa vie ; c'est un critère qu'affectionne les humains mais qui en réalité est propre à la domestication. Dans la nature il n'y a que les jeunes félins qui jouent avec leur proie. L'humain infantilise son animal de compagnie.

Ce sont, en général, les transitions, le changement qui sont le plus dur à passer.

Comme le premier jour où on met notre enfant à la maternelle de l'école et qu'il pleure, c'est un moment très déchirant pour nous. D"autant plus si il n'a pas été habitué aux changements et au contact des autres humains. Là encore c'est une histoire de transition et de passage obligatoire. Mais en général, l'enfant s'habitue et y trouve du plaisir par la suite (découverte d'un nouveau monde, partage avec ses semblables, prise d'indépendance…)

Si le chien n'a pas eu les bons codes, il peut s'ensuivre une situation appelée communément **« stress »** par les humains. **En réalité le chien est**

en tension : en effet il évolue dans un environnement dont on ne lui a rien appris, cela peut être avec les autres chiens comme avec les humains, il ne sait pas où est sa place et ne sait pas communiquer. D'où va s'ensuivre un chien qui n'écoute pas, un chien qui peut trembler, grogner, vouloir pincer ou mordre, se raidir.

En lui apprenant la communication, toutes ces tensions s'en iront et il pourra enfin s'épanouir. On lui fait comprendre aussi qu'il est en confiance avec ses maîtres, qu'il peut se reposer sur eux, qu'il ne lui arrivera rien, que l'on veille sur lui et qu'on le protège.

Les tensions peuvent venir aussi du fait que sa place n'est pas bien claire : parfois le chien écoute, mais sur certains points sait qu'il peut aussi ne pas écouter (il y a prise de choix donc tension).

Il se peut aussi qu'il soit dans une agitation constante, s'exprime bruyamment régulièrement, ne supporte pas la séparation d'avec ses maîtres, se comporte en somme comme un bébé... ce que les humains confondent avec « **l'hyper activité** » : c'est en réalité un manque d'autocontrôle de ce que les maîtres n'ont pas su lui apprendre en se substituant à la mère. Il existe quelques hyper actifs, mais heureusement ils sont rares.

On ne voit pas dans la nature des animaux avec cette sorte de comportement à sauter dans tous les sens et sur les autres adultes car ils ont été parfaitement éduqués par leurs parents puisqu'ils ont le même langage.

Les codes sont comme un dictionnaire. Si on vous projette tout un coup dans un pays étranger dont vous ne parlez pas la langue vous serez très mal à l'aise pendant plusieurs mois, vous risquez même de mal interpréter les attitudes des gens et d'en prendre peur dans certaines situations. En apprenant cette langue, peu à peu vous serez de plus en plus à l'aise avec les gens de ce pays.

Les chiens sont exactement pareils, ils vivent dans un monde qui n'est pas du tout naturel pour eux où la plupart des humains ne savent pas communiquer réellement avec eux. Notre monde leur semble complètement illogique et les dépasse. On leur demande aussi des choses qui ne leur sont pas naturelles. Dans leur lieu de vie normal, les animaux n'ont pas besoin d'obéir sur commande, ils peuvent abimer les bouts de bois etc... Ils ont leurs codes à eux mais qui sont bien clairs.

En installant cette communication qui est l'éducation canine, ils trouvent leur place et interagissent plus facilement avec l'humain, ils comprennent qu'on leur demande quelque chose et que l'on attend une réponse de leur part. C'est une zone de leur cerveau qui se développe ainsi que de nouvelles connexions pour cette nouvelle communication avec l'humain et il faut lui laisser le temps de se construire. Ce temps est différent selon les chiens, l'évolution ne se fait pas à la même vitesse selon les sujets.

On voit bien une nette différence entre le chien qui arrive en éducation canine. Il est dans un état brut et devient posé et mû par une sorte de lucidité! On stimule le chien pour aller le chercher dans son monde et le ramener dans le nôtre...

Je vois souvent des chiens qui ont l'air absent car ils ne comprennent pas le monde environnant et finissent par s'en détacher.

2.1 C'est l'apprentissage des codes de l'humain au chien pour s'adapter à sa vie avec l'homme ; c'est la réflexion de l'humain sur les procédés qu'il va pouvoir mettre en œuvre pour se faire comprendre du chien et comment il va l'amener à ce qu'il attend de lui : une demande claire avec des gestes, des attitudes, des intonations précises, un encadrement sur et une persuasion adaptée à chaque chien.

Facteur: force physique, réceptivité, sensibilité du chien.

Le chien fonctionne par **automatisme**, il n'a pas la conscience de, c'est-à-dire qu'il ne peut pas agir sur lui en auto réflexion, ni qu'il ne peut agir sur son environnement ou sur les autres consciemment ; on ne punit pas un chien en le mettant au coin ou à l'écart (ce ne sont d'ailleurs pas des méthodes que j'emploie avec les enfants!). On va pouvoir avec un enfant, qui lui est doté d' une conscience et d'une auto réflexion, lui apprendre la vie, ayant le même langage, au fur et à mesure de son évolution (contrôle du corps, des pusions et des émotions, interractions avec le monde environnant, culture générale).

Le chien n'a pas la compréhension de notre langage humain ; tout apprentissage passera donc d'abord par l'accompagnement **gestuel**, auquel on associera des mots, pour faire un transfert à la voix sans la gestuelle – *c'est ce qu'on appelle un chien qui répond au doigt et à l'œil!*.

Beaucoup de **techniques d'apprentissage** se font par **transfert**:

À un geste donné correspondra un ordre:

Par exemple pour apprendre à faire asseoir un chien, on maintiendra l'avant du corps avec une main pour qu'il ne bouge pas de place et on l'assiéra en opposant son avant bras au creux de ses jarrets, ce qui lui fera naturellement plier les genoux et s'asseoir (on évite d'appuyer sur les fesses ce qui génère une résistance qui n'est pas favorable à l'apprentissage en général). Ainsi on répétera la manipulation jusqu'à ce qu'on n'ait plus besoin de l'accompagner avec les mains, qu'il anticipe le geste sur l'ordre donné « assis ».

On exécute toujours les demandes en tenant le chien avec la laisse puis sans la laisse ; l'ordre est compris lorsque le chien exécute rapidement et naturellement la demande sans la laisse ; cela signifie que la demande est claire et la relation bien établie.

Le transfert a ainsi été fait du geste à la voix et il en est ainsi pour tout ce qu'on veut apprendre à un chien, il faut toujours un contact physique sur le chieni, voir ciblé (dans le cas de la demande assise on cible au niveau de l'arrière train du chien pour lui faire comprendre que **le mot est en relation avec cette partie du corps**) pour l'associer avec un mot. Si il ne se passe rien sur le chien, celui-ci n'est pas en mesure de comprendre ce qu'on attend de lui et vice versa : si on agit sur le chien sans mettre de mot, on n'apprend rien au chien, tout est alors illogique !!

On peut aussi apprendre les ordres de façon naturelle en dirigeant le chien vers ce quoi on l'attend :

Ainsi l'ordre assis est l'ordre que les maîtres apprennent toujours en premier car ils sollicitent souvent l'attention du chien, avec une friandise, en attirant son regard vers le haut ce qui l'assoit naturellement.

Au mouvement d'assise, il obtient une récompense, caresse ou friandise, qui viennent créer l'automatisme. A ce mot donné correspond une attitude attendue ; d'ailleurs le geste conventionnel pour accompagner l'ordre assis est la main plate dressée en hauteur, ainsi elle attire le regard du chien vers le haut, ce qui l'assoit.

La méthode de la récompense par la friandise peut être utilisée, je ne suis contre aucune méthode du moment que ça marche rapidement et dans une attitude positive.

Rappelons à ce stade du livre qu'une méthode qui marche est une méthode qui fonctionne tout le temps, que l'on soit seul ou au milieu d'éléments perturbateurs comme des humains, des animaux ou des engins ... la récompense ne peut souvent pas agir seule pour avoir des résultats.

Elle vient en compensation de la contrainte demandée et d'une certaine **pression** qu'il va falloir mettre selon le sujet ; aussi plus on va demander et plus il va falloir motiver jusqu'à obtention de l'ordre souhaité tout en gardant l'attitude positive du chien.

Comme un sportif de haut niveau qui doit s'entraîner pour les jeux olympiques. Il va falloir un bon encadrement psychologique et environnemental avec un bon coach pour qu'il puisse dans la durée atteindre ses objectifs.

La friandise peut aussi aider à détendre un chien sur certains exercices ou situations.

Et puis on a le droit de se faire plaisir et de faire plaisir au chien, il n'y a pas de problème si le maître souhaite le récompenser tout le temps ou partiellement avec des friandises, c'est une question de mode de vie, je ne suis pas là pour imposer le mien aux autres, mais pour apporter mon aide pour résoudre les problèmes qu'ils peuvent rencontrer ; leur chien doit être adapté à leur mode de vie et non au mien, du moment qu'ils ne se font pas déborder, cela ne pose aucun problème : comme pour les enfants on a chacun nos façons de les élever à notre stade d'évolution.

La motivation peut être simplement la félicitation du maître, le chien écoute pour faire plaisir au maître qui va en échange lui prodiguer louanges et caresses.

En agility par exemple, on va jouer avec l'envie du chien de rejoindre son maître. Pour apprendre à lui faire passer les obstacles, on y place le maître derrière et en général le chien le franchit tout simplement pour rejoindre son maître…

Parfois, ce n'est pas suffisant parce que on n'a pas réussi à capter l'attention du chien, soit parce que la peur l'emporte, soit parce que cela ne l'intéresse pas du tout – un excès d'indépendance –

Il peut lui faire faire aussi par **mimétisme.**
On peut passer l'obstacle ou faire passer un autre chien pour lui montrer le chemin et ainsi lui montrer qu'il n'y a pas de danger.

Le cas échéant on peut alors renforcer utiliser la motivation avec un jouet ou une friandise – attention il ne faut pas hésiter à essayer avec quelque chose de très appétant comme une vrai saucisse qui surpasse de loin les friandises existantes.

Il faut faire attention là encore à ce que le chien reste quand même à l'écoute car si il est trop axé sur le jouet ou la friandise, il ne sera pas à l'écoute et ne retiendra pas la consigne.

La motivation au jouet ou à la friandise peut donc renforcer positivement la demande ou l'aider à surmonter sa peur sur un obstacle donné, ou le décontracter simplement sur des environnements ou schémas types nouveaux qui le mettent trop en tension.

La réceptivité, l'interraction : c'est la facilité avec laquelle le chien va être à l'écoute, et va retranscrire facilement et rapidement un apprentissage ; souvent le chien, faute de mieux, évolue dans le petit univers qu'il s'est créé. Selon le sujet, il sera distrait par les jouets, les insectes, les ombres, les autres animaux, les humains, les enfants, la nourriture…

Certaines races sont beaucoup plus facile à éduquer comme **le berger** qui a été sélectionné depuis des générations par sa capacité d'écoute, ses aptitudes naturelles à répondre aux ordres de l'homme, son interractivité avec l'homme ce qui se transmet génétiquement – bien sûr dans les autres races il y a aussi beaucoup de sujets qui sont très réceptifs aussi – mais en général quand on part avec un berger, il y a plus de chance de bénéficier de telles qualités.

Ce n'est pas pour rien d'ailleurs que le berger malinois est la principale race utilisée pour les chiens de travail dans les forces de l'ordre, dans les concours de travail... etc

Je parle beaucoup des qualités du berger de type malinois en général, non que je veuille le mettre sur un piédestal, mais ce sont des faits qui font de lui une élite quant à ses capacités physiologiques (un dos court, une ossature plus légère), ses aptitudes naturelles (très réceptif, très endurant).

Mais c'est aussi un chien avec lequel on n'a pas le droit à l'erreur, car très nerveux et très réceptif (sensible). Il est très délicat à gérer la plupart du temps. En effet, il y a le revers de la médaille et ces qualités demandent plus de tempérament, plus de fougue, de vivacité et il faut être donc très rapide, très mesuré et très volontaire dans son encadrement sinon... on se fait très vite débordé.

D'autant plus qu'il est beaucoup utilisé dans les disciplines de mordant et qu'il faut en mesurer les conséquences, à quel degré cette particularité d'autoriser le chien à mordre l'humain se transfert-il dans les gênes ?

C'est dire la complexité de notre tâche car nous obtenons des chiens qui ont des qualités contraires à ce qu'on attend d'un animal de compagnie avec une certaine autorisation de se retourner contre l'huain (voir partie 3 chapitre 3).

Mais heureusement avec les méthodes proposées ici et un bon coach, il n'y a pas de raison pour ne pas y arriver!

Être très attractif pour le chien : la plupart du temps il faut aller chercher le chien dans son petit monde pour le ramener avec nous.

Il faut être plus attractif que tout ce qui se passe autour et pour ce faire, être très expressif comme eux, ne pas hésiter à exagérer et à en rajouter des tonnes, faire du bruit, interpeller, motiver et féliciter dès l'apprentissage obtenu selon les motivations du chien (voir plus haut) ; parfois il faut le charmer !

Le chien a compris l'apprentissage lorsqu'en liberté, il s'exécute immédiatement, rapidement et avec joie, même si il y a matière à distraction autour.

Les 4 mots les plus importants pour un chien : le « oui », le « non », le « pas bouger », le « au pied ».

Le « non » stoppe de suite le chien, il faut ensuite l'enrichir avec le pourquoi de l'interdiction: "non" pas sauter, „non" pas toucher, ...

Le « oui » intervient à chaque fois que le chien fait bien. Surtout, dès qu'il prend le chemin de ce qu'on attend de lui, on n'attend pas qu'il ait fini d'exécuter la demande, on l'accompagne d'un oui approbateur, qui valide l'action même qui le mène à l'exécution.

Dans notre exemple de l'assise du chien, le « oui » va valider l'action dès que celui-ci va fléchir ses membres postérieurs pour aller mettre ses fesses au sol, dès qu'il va « céder » à la demande par le « oui » on lui confirme en fait : « c'est exactement ça que je veux » .

Ainsi il apprend beaucoup plus vite en l'accompagnant **d'une validation dans le mouvement** qu'il l'y amène, car on ôte tout doute possible et moins il y a de doute, plus le chien est à l'aise dans ce qu'il fait, dans sa place et plus il lui sera facile de restituer ce qu'il a appris.

Ne jamais laisser le chien dans le doute, en attente, sans nouvelles indications de la part du maître ; quand une situation stagne, il faut y mettre du mouvement ou une action ; quand un exercice ne marche pas, il faut changer la méthode, le simplifier ou le fractionner, rajouter une indication.

Le rappel au pied : il ne faut jamais crier après un chien pour qu'il revienne.

Moi, si on me crie dessus pour m'appeler, je n'ai franchement pas envie de venir!

Et ce même si on a mis du temps à rattraper son chien ou qu'il a fait une bêtise avant – de toute façon après coup c'est trop tard – il faut toujours le féliciter car si vous le grondez, il est certain que la prochaine fois il n'aura vraiment pas envie de revenir sachant ce qui l'attend.

Lorsque le chien ne revient pas, il suffit en général pour qu'il revienne, de s'accroupir pour se mettre à sa hauteur et le motiver très fortement an tapant des mains.

L'immobilité ou le "pas bouger", le "douce-ment": permet de bloquer le chien et de contrôler son allure.

Les intonations sont très importantes, elles doivent être en adéquation avec la demande, ainsi on sera toujours très doux dans les demandes, notamment les positions hautes – assis et debout pour inciter le chien à se dresser – le oui et le rappel au pied. Elles seront un peu plus seiches sur des ordres.

2.2 Le travail de base

Le travail de base est établi au moins sur 10 leçons réparties en 5 cours particuliers et 5 cours collectifs.
Le travail de précision s'acquiert au bout de 1 à 2 années de pratique.

L'éducateur canin enseigne la connaissance du chien et comment communiquer avec lui. Il propose des solutions et des méthodes d'apprentissage. Il intervient là où les maîtres se sentent débordés par les comportements de leur chien. Il ne peut pas imposer sa façon de vivre avec eux. Il doit s'adapter aux attentes des maîtres.

En général, 10 leçons apportent une base pour installer la communication et l'écoute avec un maître et son chien. Ces 10 leçons suffisent si le maître est proche de son chien, s'il comprend bien les explications et si le chien est relativement facile.

Sinon il faut prendre des cours jusqu'à ce que le problème rencontré soit résolu ou maîtrisé...

Le maître peut aussi continuer l'éducation canine car il y a énormément de choses à apprendre par la suite pour approfondir sa relation. Une année de cours apporte une bonne connaissance générale et une maîtrise complète et sûre de son chien. Les bons gestes et réactions du maître s'apprennent avec le temps.

L'éducateur canin est là pour apprendre aux maîtres, il sait se faire écouter des chiens mais ce n'est pas cela le plus important puisqu'il ne vit pas avec ceux qui viennent en cours ; ce sont les maîtres qui vivent avec eux, donc c'est à eux de réussir à se faire obéir.

Parfois il faut que les idées cheminent un petit moment avant que le maître intègre bien la pratique quand le chien est un peu délicat à gérer.

Commencer en **cours individuel** est bien plus facile pour la concentration du chien, cela permet de bien encadrer le maître et son chien et de leur apporter toutes les indications nécessaires.

On familiarise aussi le chien avec l'éducateur canin, il est important qu'il soit en confiance avec lui. Ainsi la prise en main pour l'évaluation, la démonstration au maître et les manipulations seront facilitées. Parfois il faut quelques séances avant que le chien ne se détende (familiarisation).

L'éducateur canin ne peut pas s'imposer d'emblée sur un chien qu'il ne connaît pas ; il risque que l'animal ne le prenne en grippe et/ou ait peur de lui.

De plus l'éducateur canin doit être sûr de ce qu'il va mettre en place et comme chaque chien est différent, il doit apprendre à bien le connaître en passant par différents petits tests de manipulation.

Les tests dont on parle le plus dans les livres sont un peu trop simpliste, comme mettre un chien sur le dos : il n'apporte rien de savoir si le chien l'accepte ou non, surtout qu'il n'aura pas compris la démarche : **il importe de savoir comment réussir à l'amener à céder à cette de-**

mande et quels moyens devront être mis en place ?

Surtout que l'attitude de ses congénères qui pousse un chien dans cette contrainte de position (soumission) s'accompagne d'une plus grande pression de leur part qui est le heurt des crocs.

Il est préférable de rencontrer le chien sur un terrain (neutre) de dressage avant d'intervenir dans la maison du chien (sauf urgence).

En effet, i lest délicat d'intervenir sur un chien qui ne nous connait pas directement chez lui car il peut le prendre comme une véritable intrusion.

Ainsi on pourra mettre des exercices en place, mettre en confiance le chien, évaluer son comportement et apprendre au maître à le gérer dans un premier temps. Puis on pourra au bout de quelques leçons, intervenir à domicile.

Le travail se fait sur le terrain de dressage, mais aussi à l'extérieur et à domicile.
En général il est bien de faire une ou deux leçons à domicile pour faire un transfert de ce qu'on a appris sur le terrain aussi bien pour le chien parce qu'il marche par **schéma type** que pour le maître parce qu'il ne pense pas à mettre en place les exercices chez lui.

Aussi l'éducateur canin ne peut pas tout montrer sur le terrain, et il ne peut pas voir le chien dans sa globalité s'il ne le voit pas à l'extérieur et dans sa propre maison.

L'éducateur canin peut ainsi mieux l'analyser et a la possibilité d'avoir un autre contact autre avec lui, plus familier.

Quand l'éducateur canin passe à domicile, le chien se dit « tiens, il est ici lui ? et comprend: "Ah, d'accord il faut aussi que j'écoute à la maison ».

Lors de la séance à la maison, après une ou deux manipulation par l'éducateur canin, le chien se met à écouter comme sur le terrain d'éducation canine et aussi après le départ de l'éducateur canin : **le transfert est fait**.

Des balades avec un groupe de maîtres accompagnés de leurs chiens renforceront le travail mis en place : cela permet de voir leur comportement en balade, de travailler le rappel au pied, de rassurer les maîtres pour qu'ils osent lâcher leurs chiens, de bien les sociabiliser.

Cela permet aussi de détendre les chiens, surtout lorsqu'ils sont un peu tendus sur le terrain. Ainsi, c'est avec plaisir qu'ils reviendront au prochain cours.

Le terrain de travail doit être un lieu agréable où les chiens sont contents de venir.

Ainsi au fil des leçons on peut ajuster les méthodes d'évaluation. Entre les leçons, plus le maître travaillera les exercices, plus l'éducateur canin pourra lui apprendre de nouvelles choses.

L'éducateur canin peut réfléchire aussi entre chaque leçon pour analyser les exercices exécutés et la mise en place des prochains.

On passe très vite à du **travail en liberté** car c'est ça le plus important, le maître n'a pas toujours son chien en laisse. Il est important de faire le transfert et que le maître puisse s'en faire écouter rien qu'à la voix.

On complète toujours avec de l'agility qui permet de contrôler le chien dans l'excitation. L'obéissance se fait souvent au pas tranquille alors qu'en agility, les chiens se mettent en état d'excitation.

L'agility est une discipline très complète qui demande une grosse maîtrise du chien. Elle permet de continuer à faire de l'obéissance tout en s'amusant. Elle permet de prendre des habitudes efficaces pour gérer le chien dans n'importe quelle circonstance : de l'avoir toujours en vue, de faire face à des situations nouvelles (repère du parcours dans un ordre donné et chronométré) tout en gardant son chien sous contrôle, de le conduire qu'il soit à droite ou à gauche...

Des cours individuels on passe à des cours collectifs avec de petits groupes de quatre à six personnes grand maximum. Au dessus, il y a trop de monde et on ne peut pas bien travailler. Ainsi on confirme ce que l'on a appris tout seul, même au milieu de ses congénères, le chien doit écouter et cela le sociabilise.

Les cours en groupe permettent aussi d'appréhender la rencontre avec d'autres chiens, savoir apprécier leur attitude dans ces circonstances.

On les laisse jouer à la fin des cours tout en les surveillant. On peut déterminer si il convient de les laisser agir (en cas de grognement ou d'excitation par exemple) ou s'il faut intervenir avant que cela ne dégénère.

En dix leçons, si on a un chien relativement facile et que le maître en est proche, on peut arriver à travailler facilement et rapidement en liberté la marche au pied, le rappel au pied en toute situation. On peut exécuter un parcours d'agility avec un chien en liberté au milieu des autres qui jouent en liberté ou qui réalisent aussi ce parcours.

En procédant de cette façon, on a une connaissance complète du chien ainsi que de son maître et on est sûr qu'ils pourront profiter pleinement de leur vie commune et passer des très bons moments tout au long de leur chemin.

3.1 Les consultants

Souvent les personnes qui viennent prendre des cours sont celles qui ont un chien qui ne les écoute pas et/ou qui les déborde et /ou qui est peureux.

Les gens qui ne rencontrent pas ce type de problème ne pensent pas à venir prendre des cours ce qui est dommage car il y a beaucoup à apprendre pour communiquer avec un chien et cela intensifie la relation du maître avec lui. Ils n'imaginent pas qu'il existe une communication canine spéciale à mettre en place.

Lorsqu'un chien n'écoute pas cela peut venir de **plusieurs facteurs: grosse force physique due au poids ou à de l'insensibilité, fort tempéramment, manque de connaissance du maître.**

La plupart du temps les gens ne comprennent pas pourquoi leur chien ne les écoute pas, ce n'est jamais la faute d'un seul élément, mais cela est toujours dû à plusieurs petits facteurs différents qui viennent s'imbriquer pour arriver au résultat final.

Cela peut être dû à un manque de connaissance, mais aussi à un animal qui a un peu plus de caractère, peut-être issu d'un élevage où la sélection des chiens et des maîtres, (le manque de connaissance en somme) n'a pas été faite par l'éleveur.

Les gens n'osent pas agir sur leur chien, ils croient qu'il va comprendre de lui même en réfléchissant à leur insatisfaction ...

On ne peut pas prendre en compte la faute d'un sevrage mal fait comme je l'entends souvent. Un sevrage bien fait c'est le fait que le chiot ai été élevé par sa mère jusqu'à être physiologiquement et psychologiquement indépendant. La loi de nos jours impose que la séparation avec la mère ne soit pas fais avant 8 semaines, mais en vérité cela respecte juste le sevrage physiologique.

Le sevrage psychologique idéal est entre 8 et 15 mois selon les races et les individus, mais même si on le respectait, cela ne voudrait pas dire que le chien sera adapté à la vie des hommes sans qu'on lui apprenne car se sont deux schémas de vie très différents.

Le chien qui ne sait pas se réguler sur la nourriture au moment du repas ne fait pas référence non plus à un mauvais sevrage mais à un instinct primaire de nourriture très fort. On le retrouve aussi sur des chiens qui sont restés longtemps avec leur mère.

Il suffit à l'éducateur canin de prendre le chien un peu en main pour juger de sa force. Est-ce qu'il n'écoute parce qu'il est trop fort physiquement, est ce qu'il a beaucoup trop de caractère et s'impose en conséquence ?est ce qu'il a pris tout simplement ses aises ?

Pour se faire écouter d'un chien, il faut que les demandes soient claires, mais cela ne suffit pas toujours. En effet, si peu que le chien soit un peu plus difficile, il va falloir s'imposer et le persuader qu'il doit écouter.

Ce faisant, on va essayer de l'impressionner (mais sans lui faire peur) pour lui faire croire (le bluffer comme font les chiens entre eux) que sa maman ou son papa est très fort et qu'il ferait mieux d'écouter.

Ainsi on va chercher son **seuil de sensibilité** qui est différent pour chaque individu, qui une fois atteint, le fait céder. Il est nettement plus haut chez un chien qui présente un fort tempéramment et il faudra un peu plus de pression.

Quand le seuil est détecté, une fois suffit pour que le chien trouve sa place et n'ait pas besoin de réessayer de ne pas obéir. S'il continue de ne pas écouter, c'est que la méthode ou la pression effectuée n'est pas la bonne.

Parfois il y a des chiens qui, malgré le travail mis en place, ont un tempérament trop fort et font courir trop de risques à leur maître pour une cohabitation. Surtout en raison de la présence d'autres personnes vivant sous le même toit, qui ne savent pas se faire écouter de l'animal ou des personnes faibles comme des enfants. Ainsi il est préférable d'aménager la vie du chien à l'extérieur dans le jardin avec un chenil par exemple pour que les maîtres puissent en profiter en toute sécurité.

Un chien n'est pas malheureux en chenil: c'est un peu comme sa maison, son studio. À condition qu'il passe la moitié du temps à l'extérieur (le lacher dans le jardin au moins la moitié du temps).

Le chenil peut être utile aussi pour un chien destructeur, ainsi il y sera en sécurité lors de nos absences, ne risquera pas d'ingérer un objet qui peut le blesser ou lui causer une occlusion intestinal et ne détruira pas notre mobilier et nos affaires !

Le rôle de l'éducateur canin est de déceler s'il y a un risque de retournement du chien sur le maître.

Ce cas est rare heureusement, car la situation peut être en effet très compliquée à maîtriser .

Généralement, si le chien n'accepte pas les autres personnes, il suffit de le savoir et d'apprendre au maître à le gérer.

On peut essayer de le sociabiliser si c'est juste un problème de communication, mais si ce n'est pas le cas et qu'il se révèle avoir un fort caractère, son maître doit apprendre à anticiper (encore faut il que le maître en soit capable psychologiquement) et à prendre des mesures de sécurité.

L'éducateur canin doit apprendre au maître à gérer, cadrer son chien et faire comprendre au chien ce qu'on attend de lui.

Il se peut que le chien à fort tempéremment n'accepte pas les manipulations de l'éducateur canin. Au mieux, le chien acceptera les manipulations de l'éducateur canin au pire il tolèrera sa présence.

Selon le cas il ne faudra pas insister si le chien ne veut pas être manipulé par l'éducateur canin. C'est une perte de temps et des prises de risque pour faire une familiarisation d'un tel chien avec l'éducateur canin, sachant que même si l'éducateur canin arrive à le familiariser et à le manipuler, il est probable que ce dernier ne laissera pas d' autres inconnus le faire. Ou il faudrait refaire ce travail de familiarisation avec avec chaque personne rencontrée ce qui est infaisable.

Si le chien n'accepte pas les étrangers et si le maître est capable de le gérer et c'est le but principal, il n'est pas utile qu'il se laisse manipuler par d'autres personnes tel l'éducateur canin.

En tout état de cause, le travail est beaucoup plus facile et moins risqué et plus rapide s'il se fait avec le maître car c'est celui avec qui il y a un lien avec l'animal et donc une relation de confiance (travailler en faisant une familiarisation)

Le maître doit aussi prendre conscience des risques encourus à la moindre erreur et doit apprendre à être réactif.

Il y a probablement de gros risques pour qu'un chien qui a mordu parce qu'il a un fort tempérament et qu'il s'est retrouvé dans certaines situations avec des gens ne sachant pas le maîtriser, remorde quelqu'un d'autre par schéma type.

Pour faire face à ce genre de situation, il faut beaucoup de connaissance, d'amour et être bien encadré pour comprendre et appréhender ces réactions.

On peut pour parer à ce type de comportement refuser le conflit avec un chien qui se braque par un grognement ou une excitation nerveuse. On ignore alors ses grognements et ses menaces.

On peut divertir le chien et le calmer par le jeu.

On peut prendre une voix très motivante et le mettre dans une marche en avant pour débloquer la situation.

Ainsi on peut calmer et rassurer le chien dans une attitude avenante et chaleureuse et désamorcer les réponses négatives que nous propose le chien dans les schémas type de certaines situations.

Le contact étant de plus en plus serein la relation s'enrichira et s'améliorera.

Plus on vit en étroite relation avec le chien et en fusion avec lui plus il est facile de le "driver"

La vraie visite comportementale du chien devrait être ainsi et comprendre toutes ces étapes ; ce qui compte c'est de savoir s'il y a un réel risque de retour sur le maître et si celui-ci saura maîtriser son chien. Elle ne peut pas se faire avec de simples tests en une fois dans un bureau sans laisser aucune chance au maître et au chien de comprendre et de se former.

Il est normal qu'un chien n'accepte pas le contact de personnes qu'il ne connait pas. Moi si un étranger voulait me prendre dans ses bras et m'embrasser, je ne l'accepterais pas et il est fort probable que je le mordrais s'il me forçait ...

Pour toutes ces raison un chien qui mord ne doit en aucun cas être euthanasié puisqu'il n'est aucunement responsable des ses actes, à l'instar des animaux sauvages ; mais il faut en effet prendre des larges mesures de sécurité. Ce ne sont pas les chiens qui sont dangereux mais les maîtres qui n'ont pas appris à les contrôler.

Il faut parfois un peu de temps pour comprendre et apprendre.

3.2 La discipline du mordant

Le mordant est un facteur aggravant pour les chiens difficiles.

C'est une activité où l'on apprend au chien à défendre son maître ou son territoire, à faire face à l'adversaire et/ou à ne pas le laisser pénétrer sur le domaine. Cela passe d'abord par le jeu, on le fait jouer à mordre dans un chiffon, puis un boudin pour arriver à un costume porté par un homme d'attaque.

Très bien encadrée, c'est une activité qui permet au chien de se dépenser et de partager une activité avec son maître mais **da   ns laquelle le maître doit particulièrement s inves-tir**. Il doit déjà bien maîtriser son chien, bien comprendre comment il fonctionne et il devra faire un suivi régulier au moins pendant un ou deux ans pour bien en maîtriser le procéssus.

Ce n'est pas un exercice anodin, cela change le regard que l'on porte sur le chien ; en effet, c'est totalement contraire à se que l'on attend d'un animal de compagnie ; celui-ci a une inter-diction formelle de se retourner et de mordre un humain, alors que dans l'activité du mordant on l'y autorise, on lui fait découvrir une possibilité, on lui ouvre une porte.

De plus, cela fait appel à l'instinct de nourri-ture puisque c'est avec les crocs que les chiens, rappelons le des carnivores, attrapent leur proie et s'en nourrissent.

C'est **un instinct primaire** très fort. Dans l'excitation, les chiens peuvent ne plus se contrôler.

Selon leur caractère, certains resteront, ce qu'on appelle pour un chien qui fait des concours et du mordant type « ring » « un chien avec du mordant sportif » ; c'est-à-dire qu'il prend cela pour un jeu, qu'en dehors du terrain et du costume d'entraînement, il ne pense plus à cette activité ; d'autres qui sont stables resteront relativement posés, prêts à défendre s'il y a une intrusion sur leur territoire ou devant un individu menaçant, mais viendront faire des câlins aux invités si le maître les y invite.

Pour certains, cela demande de faire un transfert lorsque l'on veut lui apprendre à défendre son maître à l'extérieur du terrain d'entraînement ; ainsi les chiens d'intervention des forces de l'ordre où le chien est entraîné au centre de dressage, mais aussi dans des mises en situation sur tout autre environnement possible se rapprochant des lieux de travail (site à défendre, voie publique...). Il est entraîné sur des costumes de protection très légers pour se rapprocher au plus près de la forme des humains en tenus de civils (**déconditionnement**).

Et chez d'autres qui sont « chaud », avec un très fort caractère, ils peuvent se retourner sur leur maître pour s'imposer.

Plus un chien à un fort caractère, plus il demande d'avoir de la connaissance et moins on ne peut avoir le droit à l'erreur !

Le chien qui pratique l'activité de mordant ne peut plus être pris en compte seulement comme un chien de compagnie, on devra redoubler de vigilance en cas de forte excitation extérieure (foule, enfants…) et lors de réception de la famille ou d'amis à la maison.

Il faut envisager que peut être il faudra le mettre alors à l'écart à ces occasions et que l'on ne pourra plus l'emmener partout avec soi.

Ce n'est pas comme un humain qui pratique un sport de combat ; l'humain sait faire la différence (normalement !) lorsqu'il a fini son entraînement et qu'il se retrouve dans la vie quotidienne ; le chien ne fait pas forcément la différence, d'autant plus qu'il prend grand plaisir à ce jeu.

On peut retrouver ce genre de comportement chez certains humains qui se sont entrainés à des sports de combats, et qui par excès de confiance en eux veulent aller se bagarrer avec tout le monde dans la rue.

C'est valable aussi pour les contacts des chiens entre eux : les morsures sont bien moins contrôlées lors des bagarres ou remises en place lorsqu'ils pratiquent l'activité de mordant.

J'ai eu la mauvaise surprise de retrouver ma chienne malinois Vanille avec une blessure ouverte à l'entre cuisse alors que je l'avais laissée dans un parc avec son copain mâle Action, très sociable et très gentil avec les autres chiens normalement. Il y a eu de l'excitation (surement une activité de mordant sur le terrain d'à côté) et il s'en est pris à elle, chose qui n'arrive jamais en temps normal. Le risque s'accroît avec ce genre d' activité.

En tout cas, le mordant ne calme pas un chien qui montre des signes de fort tempérament !même avec des chiens dont la race est sélectionnée pour cette pratique. On ne contrôle pas le mordant en pratiquant cette discipline ; au contraire on fait naître le mordant, on le développe et on l'intensifie. C'est une activité à part entière pour maître averti.

On peut par contre radoucir un chien en arrêtant l'activité du mordant et en installant une communication stable.

3.3 Intervenir sur un chien qui mord ou qui se bagarre

Conserver son sang-froid et ne pas lâcher la laisse, pour la sécurité de « l'entourage ».

De même, ne pas lâcher la laisse de son propre chien.

Pour séparer deux chiens qui se battent, chaque maître s'occupe de son animal, si on est seul on attrape le plus virulent :

Éviter de tirer sur les laisses car si l'un des chiens est en train de mordre, la traction aura pour effet de déchirer les chairs et d'aggraver les blessures

Empoigner **la base du** fouet du chien mordeur et le soulever de terre pour l'immobiliser et lui faire lâcher prise (attention c'est une partie sensible le fouet étant le prolongement de la colonne vertébrale)

Si cela ne marche pas, on le fait **lâcher à l'étouffé**, c'est-à-dire qu'on le soulève légèrement par son collier plat jusqu'à ce qu'il soit gêné pour respirer (je n'ai pas dit de le pendre jusqu'à ce qu'il suffoque*),* ainsi il lâchera naturellement sa prise pour reprendre de l'air et à ce moment là il suffit de le reculer et de l'isoler.

Cette méthode naturelle est intéressante pour deux raisons:

- Il y a aucun conflit avec le chien, donc moins de risque qu'il ne se retourne contre la personne qui le manipule

- la prise est lâchée d'une façon propre (le chien va lâcher naturellement sa prise sans risque d'arracher la chair au moment de lâcher)

Si le chien n'a pas de collier, on peut essayer de lui passer une laisse ou tout type de cordage autour du cou.

Si on le connait bien, on peut se servir de ses avant-bras comme d'un étau (un au dessus du cou et l'autre en dessous)

Avec un cordage, cela permet de garder le chien à bout de bras et d'éviter qu'il ne se retourne contre nous s'il se montre un peu agité, le temps de l'isoler dans un endroit sûr.

Si on possède du matériel, on peut se servir d'une perche de capture en attrapant le chien qui a le plus de tempérament. La perche évite que le chien, dans l'excitation, ne se retourne sur celui qui la tient.

On peut se servir de cette méthode aussi pour lui faire lâcher un jouet ou un bout d'aliment qu'il aurait trouvé sans se faire croquer les doigts avec l'ordre **"lâche"**.

Il est important pour tout possesseur de chien de connaître ces gestes de sécurité qui peuvent sauver la vie d'êtres vivants tels que d'autres animaux ou des enfants...

On peut se demander si c'est une bonne chose que de vouloir absolument apprendre des exercices au chien ; **oui** c'est essentiel s'il doit vivre à nos côtés. En effet c'est tout simplement de la communication; nous décidons d'avoir des animaux de compagnie, il est alors de notre devoir de leur apprendre à comprendre et à vivre avec les humains. Rappelons que nous prenons le rôle de leur parents et que sans éducation le chien ne peut pas s'intégrer parfaitement à notre vie et éviter les accidents (fugue du chien, attaque...) plus on leur apprend de choses, meilleure est la communication ; les concours ne sont pas mauvais, ni aucun exercice à partir du moment où l'on respecte l'intégrité physique et morale du chien, c'est de l'apprentissage, du coaching.

Quant on aime un chien, on l'éduque, on ne le coupe pas du contact avec ses congénères, voir on lui offre une vie à deux, on le laisse s'exprimer, on le laisse se dépenser librement, on le fait grandir et prendre son indépendance et on ne le change pas de famille.

L'éducation passe par de la contrainte tout comme nous enfant avons appris à grandir et à maîtriser notre corps, notre force, nos sentiments par les contraintes de la vie...

La question est alors posée ainsi: avons-nous le droit de détenir en captivité des animaux même si ils sont « de compagnie »? Sommes-nous vraiment prêts à nous en occuper alors que nous avons déjà du mal à nous occuper de nous même ? et eux qu'en pensent –ils ?

Ainsi par le passé il était possible d'avoir des animaux sauvages en tant qu'animaux de compagnie, il n'y avait aucune réglementation à cet égard. Heureusement, aujourd'hui des lois se sont mises en place, comme la convention de Washington sur les espèces non domestiques. En effet le problème portait surtout sur les conditions de détention qui n'étaient pas du tout en adéquation, et sur le prélèvement abusif en milieu naturel.

On peut imaginer qu'une telle convention s'étendra naturellement aux espèces domestiques avec mise en place de permis et de certificats de capacité.

En tout cas, la moindre des choses est d'assurer aux animaux le minimum de confort physique et psychologique avec une bonne compréhension de leur environnement.

Des changements

Développer le contact humain. Ce n'est pas qu'une aventure avec les animaux mais aussi une aventure humaine. Les humains ont eux aussi souvent besoin de soutien, d'aides et ne savent pas forcément l'exprimer.

Il faut travailler au maximum dans le sens pour que les maîtres gardent leur chien. Il faut aider les maîtres à garder leur chien.

En refuge, il convient de garder le contact avec le propriétaire qui ne peut pas garder son chien. Il doit pouvoir venir s'en occuper: ainsi nous le mettons face à ses responsabilités. Il peut aussi continuer à en assurer les frais ; notre rôle est de le sensibiliser au traumatisme du chien et à la difficulté de placer tous ces pauvres animaux.

« *On ne pourra pas tous les placer, ce n'est pas possible* ». Il est plus pratique que ce soit le maître actuel qui s'en occupe car la familiarisation est déjà faite. Ainsi on fera une économie de temps et d'argent pour se consacrer à tous ceux qui n'ont vraiment personne pour s'occuper d'eux.

Il peut regretter et prendre conscience et/ou retrouver une situation plus confortable et le reprendre.

Le chien quand à lui en sera moins déstabilisé et gardera des repères ; il se sentira moins « abandonné ».

Rappel aux maîtres des chiens déjà en refuge pour leur faire part de la situation et pour établir cette nouvelle procédure.

Période d'adaptation et de transition avec le nouveau maître sur quinze jours avec un suivi en dix leçons.

Un éducateur canin rattaché à chaque refuge ou spa et éleveurs.

Substituer la visite comportementale par un « permis de chien » avec un accompagnement sur une dizaine de cours pour apprendre au maître à gérer son chien si besoin est (sur les principes de ce manuel ci).

Aller à la rencontre des éleveurs, de toute structure exploitant les chiens et les sensibiliser ; il faut travailler avec eux puisque ils existent, mais si on les accompagne on pourra les orienter dans le bon sens ;

Aider ceux en difficulté avant que la situation ne dégénère et devoir trouver des solutions d'urgences.

Campagne de stérilisation systématique par les vétérinaires.

Faire des parcs animaliers pour accueillir les chiens qui après avoir été testés par des éducateurs canins avertis sont jugés comme trop risqués pour les humains et les remettre en vie de meute.

Faire effectuer un stage au futur maître avant d'acquérir un chien, lui faire prendre d'abord un chien en famille d'accueil si il n'est pas sûr de vouloir s'engager sur du long terme, ou bien adopter un vieux chien de plus de dix ans (moins d'engagement dans la durée).

Merci à tous ceux qui ont enrichie cette passion : tous nos amis à quatre pattes : Ramsès, Zigguy, Zaura, Zoulou mes huskys préférés ; Vicky, Vicky, et Yoplay mes petits caniches et Micky les petits amis de mon enfance que j'ai tant promené, Salie berger Allemand que j'admirai tant, Bucky notre premier chien, Nixon et Francis D qui m'a fait découvrir le travail avec les chiens et en particulier la recherche utilitaire.

Merci à Sorbonne mon premier chien berger Allemand, Bimbo petit pinscher, Slitta ma première terrier du brésil, Tess ma première femelle berger Allemand, et tous les suivants Packo, Darwin les terriers brésilien ; les bergers Allemands : Dexia, Douna, Elcia, Vendôme, Vidock, Oslo ; les bergers belge malinois : Vanille, Dionne, Datcha, Douce, Boomer, Janvier et Jedie Et à Cheyenne beauceron, Raven et Action malinois les chiens de Yann, et sa louve Youris qui ont partagés une partie de ma vie.

Merci à tous les autres qui sont venus en pension, en éducation canine, recueillis, replacé et tous leurs maîtres qui m'ont fait confiance et m'ont suivi.

Coordonnées de l'auteur:

Séverine Lesourd, Trilbardou (77450)

06.63.90.92.67

https://www.au-ciec.com/

Sommaire

2ème partie Elever et vivre avec un ou des chiens à la maison

Chapitre 1: intégration du chien à la maison

Chapitre 2: les besoins canins

Chapitre 3: familiarisation, manipulation, évaluation et socialisation